W0031377

Hermann Hesse, am 2. Juli 1877 in Calw, Württemberg, als Sohn eines baltendeutschen Missionars und einer württembergischen Missionarstochter geboren, 1946 ausgezeichnet mit dem Nobelpreis für Literatur, starb am 9. August 1962 in Montagnola bei Lugano.

Hermann Hesses Bücher, Romane, Erzählungen, Betrachtungen, Gedichte, politische, literatur- und kulturkritische Schriften sind mittlerweile in einer Auflage von mehr als 60 Millionen Exemplaren in aller Welt verbreitet und haben ihn zum meistgelesenen europäischen Autor des 20. Jahrhunderts in den USA und in Japan gemacht.

Aus Anlaß des medizinischen Examens seines Freundes und Mäzens Dr. H. C. Bodmer gab Hesse 1938 dem damals 22jährigen, staaten- und mittellosen Peter Weiss – »um zu helfen, ihn über die Monate seiner Schweizer Aufenthaltsbewilligung durchzubringen« – den Auftrag, das 1923 entstandene Märchen *Kindheit des Zauberers* zu illustrieren. Peter Weiss hatte im August 1937 Hesses ehemalige Wohnung in der Casa Camuzzi bezogen, den Schauplatz der Maler-Erzählung *Klingsors letzter Sommer,* in Montagnola. Die Illustrationen entstanden im Oktober 1938. Im selben Monat schrieb Hesse an Alfred Kubin: »Zur Zeit ist in meiner Nachbarschaft ein junger tschechischer Künstler . . . Er ist hochbegabt, besonders als Zeichner, und machte mir kürzlich, da ich ihn etwas unterstützen wollte, Illustrationen zu einer kleinen Dichtung von mir.« Das Manuskript wird in unserer Ausgabe farbig und in Originalgröße faksimiliert. Im Anschluß wird der Wortlaut des Märchens in Druckschrift wiedergegeben.

»Hesse war ein Mensch, der sich stark für andere Menschen interessierte, und viel Wichtiges in Hesses Werk ist gar nicht in seinem eigentlichen künstlerischen Werk enthalten, liegt vielmehr in seinen Beziehungen zu anderen Menschen, eine Hauptqualität von Hesse, die an seiner Korrespondenz sichtbar wird . . . Hermann Hesse stand ja eindeutig auf der Seite der Emigration; er war schon im ersten Weltkrieg emigriert und lebte in der Schweiz . . . Ich suchte ihn auf, der mich sehr freundlich aufnahm. Ich wohnte den ganzen Sommer über in Montagnola, in dem alten Hause, der »Casa Camuzzi«, in dem Hesse früher gewohnt hatte, und in dem sein »Klingsors letzter Sommer« geschrieben wurde . . . gleich der erste persönliche Kontakt mit diesem Menschen war wundervoll.«   Peter Weiss

insel taschenbuch 67
Hermann Hesse
Kindheit des Zauberers

Hermann Hesse
Kindheit
des Zauberers

Ein autobiographisches Märchen
Handgeschrieben, illustriert
und mit einer
Nachbemerkung versehen
von Peter Weiss

Insel Verlag

insel taschenbuch 67
Erste Auflage 1974
Lizenzausgabe für den Insel Verlag Frankfurt am Main
Aus »Traumfährte«
Renewal Copyright 1973 by Heiner Hesse
Copyright für Nachbemerkungen und Illustrationen
von Peter Weiss
© Insel Verlag Frankfurt am Main 1974
Alle Rechte vorbehalten
durch Suhrkamp Verlag Frankfurt am Main
Vertrieb durch den Suhrkamp Taschenbuch Verlag
Umschlag nach Entwürfen von Willy Fleckhaus
Druck: Nomos Verlagsgesellschaft, Baden-Baden
Printed in Germany

12   13   14   15   16   17   —   93   92   91   90   89   88

Inhalt

Faksimile
Kindheit des Zauberers
11

Hermann Hesse
Kindheit des Zauberers
91

Nachbemerkung
119

Faksimile

HERMANN HESSE
KINDHEIT DES ZAUBERERS

AUFGESCHRIEBEN UND BEBILD
DERT VOM ZAUBERLEHRLING
PETER ULRICH WEISS
ZU CARABBIETTA A+ D+1938
IM OKTOBER+

WIEDER steig' ich und wieder
In deinen Brunnen, holde Sage von einst,
Höre fern deine goldenen Lieder,
Wie du lachst, wie du träumst, wie du leise weinst.
Mahnend aus deiner Tiefe
Flüstert das Zauberwort,
Mir ist, ich sei trunken und schliefe
Und du riefest mich fort und fort...

NICHT von Eltern und Lehrern allein wurde ich erzogen, sondern auch von höheren, verborgeneren und geheimnisvolleren Mächten, unter ihnen war auch der Gott Pan, welcher in der Gestalt einer kleinen, tanzenden indischen Götzenfigur im Glasschrank meines Grossvaters stand. Diese Gottheit, und noch andre, haben sich meiner Kinderjahre angenommen und haben mich, lange schon ehe ich lesen und schreiben konnte, mit morgenländischen, uralten Bildern und Gedanken so erfüllt, dass ich später jede Begegnung mit indischen und chinesischen Weisen als eine Wiederbegegnung, als eine Heimkehr emp-

fand. Und dennoch bin
ich Europäer, bin sogar
im aktiven Zeichen des
Schützen geboren, und
habe mein Leben lang tüchtig die abendländischen
Tugenden der Heftigkeit,
der Begehrlichkeit und der
unstillbaren Neugierde geübt. Zum
Glück habe ich, gleich den meisten Kindern, das fürs Leben Unentbehrliche
und Wertvollste schon vor dem Beginn der Schuljahre gelernt, unterrichtet von
Apfelbäumen,
von Regen und
Sonnenschein,
Fluss und Wäldern, Bienen und Käfern, unterrichtet vom Gott Pan, unterrichtet vom tanzenden Götzen in
der Schatzkammer des Grossvaters.
Ich wusste Bescheid in der Welt, ich
verkehrte furchtlos mit Tieren
und Sternen,
ich kannte mich
in Obstgärten
und im Wasser
bei den Fischen
aus und konn-

16

te schon eine gute Anzahl von Liedern singen.
Ich konnte auch zaubern, was ich dann leider früh verlernte und erst in höherem Alter von neuem lernen musste, und verfügte über die ganze sagenhafte Weisheit der Kindheit.
Hinzu kamen nun also die Schulwissenschaften, welche mir leicht fielen und Spass machten. Die Schule befasste sich klugerweise nicht mit jenen ernsthaften Fertigkeiten, welche für das Leben unentbehrlich sind, sondern vorwiegend mit spielerischen und hübschen Unterhaltungen, an welchen ich oft mein Vergnügen fand, und mit Kenntnissen, von welchen manche mir lebenslänglich treu geblieben sind. So weiss ich heute noch viele schöne und witzige lateinische Wör-

ter, Verse und Sprüche sowie die
Einwohnerzahlen vieler Städte in allen Erdteilen, natürlich nicht die
von heute, sondern die der achzi-
ger Jahre.
Bis zu meinem dreizehnten Jahre
habe ich mich niemals ernstlich darüber besonnen, was einmal aus
mir werden und welchen Beruf ich
erlernen könnte. Wie alle Knaben,

liebte und beneidete ich manche Berufe: den Jäger, den Flösser, den
Fuhrmann, den Seiltänzer, den
Nordpolfahrer. Weitaus am
liebsten aber wäre ich ein Zauberer geworden. Dies war die tiefste, innigst gefühlte Richtung
meiner Triebe, eine gewisse Unzu-

friedenheit mit dem, was man die »Wirk-Lichkeit« nannte und was mir zuzeiten ledig-lich wie eine alberne Vereinbarung der Er-wachsenen erschien, eine gewisse bald ängst-liche, bald spöttische Ab-lehnung dieser Wirklich-keit war mir früh geläufig, und der brennende Wunsch, sie zu ver-zaubern, zu verwandeln, zu stei-gern. In der Kindheit richtete sich dieser Zauberwunsch auf äussere, kindliche Ziele: ich hätte gern im Winter Äpfel wachsen und meine Börse sich durch Zauber mit Gold und Silber füllen lassen, ich träum-te davon, meine Fein-de durch magischen Bann zu lähmen, dann durch Grossmut zu be-schämen, und zum Sie-ger und König ausge-

rufen zu werden. ich wollte
vergrabene Schätze heben
Tote auferwecken und mich
unsichtbar machen Können.
Namentlich dies, das Unsichtbarwerden, war eine Kunst, von
der ich sehr viel hielt und die
ich aufs innigste begehrte. Auch
nach ihr, wie nach all den Zaubermächten, begleitete der Wunsch
mich durch's ganze Leben in vielen Wandlungen welche ich
selbst oft nicht gleich erkannte.
So geschah es mir später, als ich
Längst erwachsen war und den
Beruf eines Literaten ausübte,
dass ich häufige Male den Versuch machte, hinter meinen Dichtungen zu verschwinden, mich
umzutaufen und hinter bedeu-

BEIM FEST IN BREMGARTEN

tungsreiche spielerische Namen zu verbergen – Versuche, welche mir seltsamerweise von meinen Berufsgenossen des öfteren verübelt und missdeutet wurden. Blicke ich zurück, so ist mein ganzes Leben unter dem Zeichen dieses Wunsches nach Zauberkraft gestanden; wie die Ziele der Zauberwünsche sich mit den Zeiten wandelten, wie ich sie allmählich der Aussenwelt entzog und in mich selbst einsog, wie ich allmählich dahin strebte, nicht mehr die Dinge sondern mich selbst zu verwandeln, wie ich dan achtrachten lernte, die plumpe Unsichtbarkeit unter der Tarnkappe zu ersetzen durch die Unsichtbarkeit der Wissenden, welcher erkennend stets unerkannt bleibt – dies wäre der eigentlichste Inhalt meiner Lebensgeschichte.

Ich war ein lebhafter und glücklicher Knabe, spielend mit der schönen farbigen Welt überall zu Hause, nicht minder bei Tieren und Pflanzen wie im Urwald meiner eigenen Phantasien und Träume, meiner Kräfte und Fähigkeiten froh, von meinen glühenden Wünschen mehr beglückt als verzehrt. Manche Zauberkunst übte ich damals, ohne es zu wissen, viel vollkommener als sie mir je in späteren Zeiten wieder gelang. Leicht erwarb ich Liebe, leicht gewann ich Einfluss auf andre, leicht fand ich mich in die Rolle des Anführers, oder des Umworbenen, oder des Geheimnisvollen. Jüngere Kameraden und Verwandte hielt ich jahrelang im ehrfürchtigen Glauben an meine tatsächliche Zau-

bermacht, an meine Herrschaft
über Dämonen, an meinen Anspruch
auf verborgene Schätze und
Kronen. Lange
habe ich im para-
dies gelebt, ob-
wohl meine Eltern
mich frühzeitig
mit der Schlan-
ge bekannt mach-
ten. Lange dau-
erte mein Kindes-
traum, die Welt gehörte mir,
alles war Gegenwart, alles
stand zum schönen Spiel um
mich geordnet. Er-
hob sich je ein Un-
genügen und eine
Sehnsucht in mir,
schien je einmal die
freudige Welt mir be-
schattet und zwei-
felhaft, so fand
ich meistens leicht
den Weg in die ande-
re, freiere, widerstands-
lose Welt der phan-
tasien und fand, aus

ihr wiedergekehrt, die äussere
Welt aufs neue hold und Liebenswert. Lange lebte ich im Paradiese.
Es war ein Lattenverschlag in meines Vaters kleinem Garten, da
hatte ich Kaninchen und einen
gezähmten Raben leben. Dort
hauste ich unendliche Stunden,
lang wie Weltzeitalter, in
Wärme und Besitzerwonne,

nach Leben dufteten die Kaninchen, nach Gras und Milch, Blut und Zeugung; und der Rabe hatte im schwarzen, harten Auge die Lampe des ewigen Lebens leuchten. Am selben Ort hauste ich andere, endlose Zeiten, abends, bei einem brennenden Kerzenrest, neben den warmen, schläfrigen Tieren, allein, oder mit einem Kameraden, und entwarf die Pläne zur Hebung ungeheurer Schätze, zur Gewinnung der Wurzel Alraun und zu siegreichen Ritterzügen durch die erlösungsbedürftige Welt, wo ich Räuber richtete, Unglückliche erlöste, Gefangene befreite, Raubburgen niederbrannte, Verräter ans Kreuz schlagen ließ, abtrünnigen Vasal-

Len verzieh, Königstöchter gewann und die Sprache der Tiere
verstand.

Es gab ein ungeheuer grosses,
schweres Buch im
grossen Bücher-
saal meines Gross-
vaters, darin such-
te und las ich oft.
Es gab in diesem
unausschöpflichen
Buch alte wunderliche Bilder –
oft fielen sie einem gleich beim
ersten Aufschlagen und Blättern
hell und einladend entgegen,
oft auch suchte man sie lang
und fand sie nicht, sie waren weg, verzaubert, wie nie
gewesen. Es stand eine Geschichte in diesem Buch, unendlich schön und unverständlich, die las ich oft. Auch
sie war nicht immer zu finden,
die Stunde musste günstig sein,
oft war sie ganz und gar verschwunden und hielt sich versteckt, oft schien sie Wohnort

und Stelle gewechselt zu haben, manchmal war sie beim Lesen sonderbar freundlich und beinahe verständlich, ein anderes Mal ganz dunkel und verschlossen wie die Tür im Dachboden, hinter welcher man in der Dämmerung manchmal die Geister hören konnte, wie sie kicherten oder stöhnten. Alles war voll Wirklichkeit und alles voll Zauber, beides gedieh vertraulich nebeneinander, beides gehörte mir.

Auch der tanzende Götze aus Indien, der in des Grossvaters schätzereichem Glasschrank stand, war nicht immer der selbe Götze, hatte nicht immer das selbe Gesicht, tanzte nicht zu allen Stunden den selben Tanz.

Zuzeiten war er ein Götze, eine
seltsame, etwas drollige Figur,
wie sie in fremden unbegreiflichen Ländern von anderen,
fremden und unbegreiflichen
Völkern gemacht und angebetet
wurden. Zu anderen Zeiten
war er ein Zauberwerk, bedeutungsvoll und namenlos
unheimlich, nach Opfern gierig,
bösartig, streng, unzuverlässig,
spöttisch, erschien mich dazu zu
reizen, dass ich etwa über ihn
lache, um dann Rache an mir
zu nehmen. Er konnte den Blick
verändern, obwohl er aus gelbem Metall war. manchmal
schielte er. Wieder in anderen
Stunden war er ganz Sinnbild,
war weder hässlich
noch schön, war weder
böse noch gut, weder
lächerlich noch furcht-
bar, sondern einfach,
alt und unausdenklich

wie eine Rune, wie ein Moosfleck
am Felsen, wie die Zeichnung auf
einem Kiesel, und hinter seiner
Form, hinter seinem Gesicht und
Bild wohnte Gott, weste das
Unendliche, das ich damals,
als Knabe, ohne Namen nicht
minde verehrte und kannte
als später, da ich es Shiva,
Vishnu, da ich es Gott, Leben,
Brahman, Atman, Tao oder
ewige Mutter nannte. Es war
Vater, war Mutter, es war
Weib und Mann, Sonne und
Mond. ♂ ♀
Und in der
Nähe des Götzen im Glasschrank,
und in anderen Schränken des
Grossvaters stand und hing

und lag noch viel anderes
Wesen und Geräte, Ketten aus
Holzperlen wie Rosenkränze
palmblätterne Rollen mit eingeritzter alter indischer Schrift,
beschrieben, Schildkröten aus
grünem Speckstein geschnitten, kleine Götterbilder aus
Holz, aus Glas, aus Quarz,
aus Ton, gestickte seidene
und leinene Decken, messin-

gene Becher und Schalen,
und dieses alles kam aus Indien, Ceylon, der Paradiesinsel
mit den Farnbäumen und Palmenufern und den sanften, rehäugigen Singalesen, aus Siam
kam es und aus Birma, und al-

Es roch nach Meer, Gewürz und Ferne, nach Zimmet und Sandelholz, alles war durch braune und gelbe Hände gegangen, befeuchtet von Tropenregen und Gangeswasser, gedörrt an Äquatorsonne beschattet von Urwald. Und alle diese Dinge gehörten dem Grossvater, und er, der Alte, Ehrwürdige Gewaltige, im weissen Bart, allwissend, mächtiger als Vater und Mutter, er war im Besitz noch ganz anderer Dinge und Mächte, sein war nicht nur das indische Götter- und Spielzeug, all das Ge-

Schnitzte, Gemalte, mit Zaubern Geweihte, Kokosnussbecher und Sandelholztruhe, Saal und Bibliothek, er war auch ein Magier, ein Wissender, ein Weiser. Er verstand alle Sprachen der Menschen, mehr als dreissig, vielleicht auch die der Götter, vielleicht auch der Sterne ✦✦✦✦, er konnte Pali und Sanskrit schreiben und sprechen, er konnte kanaresische, bengalische, hindostanische, singalesische Lieder singen, kannte die Gebetsübungen der Mohammedaner und der Buddhisten, obwohl er Christ war und an den dreieinigen Gott glaubte, er war viele Jahre und Jahrzehnte in östlichen, heissen, gefährlichen Ländern gewesen, war auf Booten und in Ochsenkarren gereist, auf Pferden und Mauleseln, niemand wusste so wie er Bescheid darum, dass unsere Stadt und unser Land nur ein sehr kleiner Teil der Erde war, dass tausend Millionen Menschen anderen Glaubens waren als wir, andere Sitten, Sprachen, Hautfarben, andere Götter, Tugenden und Laster hatten als wir. Ihn liebte, verehrte und fürchtete ich, von ihm erwartete ich alles, ihm traute ich alles zu, von ihm und von seinem verkleideten Gotte Pan im Gewand des Götzen lernte ich unaufhörlich. Dieser Mann, der Vater meiner Mutter, stak in einem Wald von Geheimnissen, wie sein Gesicht in einem weissen Bartwalde stak, aus seinen Augen floss Welttrauer und floss heitere Weisheit, je nachdem, einsames

Wissen und göttliche Schelmerei. Menschen aus vielen Ländern kannten verehrten und besuchten ihn, sprachen mit ihm englisch, französisch, indisch, italienisch, malaiisch, und reisten nach langen Gesprächen wieder spurlos hinweg, vielleicht seine Freunde vielleicht seine Gesandten, vielleicht seine Diener und Beauftragten. Von ihm, dem Unergründlichen, wusste ich auch das Geheimnis herstammen, das meine Mutter umgab, das Geheime, Uralte, und auch sie war lange in Indien gewesen, auch sie sprach und sang Malayalam und Kanaresisch, wechselte mit dem greisen Vater Worte und Sprüche in fremden, magischen Zungen. Und wie er, besass auch sie zuzeiten das Lächeln der Fremde, das verschleierte Lächeln der Weisheit. Anders war mein Vater. Er stand allein. Weder der Welt des Götzen und des Grossvaters gehörte er an, noch dem Alltag der Stadt, abseits stand er, einsam, ein Leidender und suchender, gelehrt und gütig, ohne Falsch und voll von Eifer im Dienst der Wahrheit, aber weit weg von jenem Lächeln, edel und zart, aber klar, ohne jedes Geheimnis. Nie verliess ihn die Güte, nie die Klugheit, aber niemals verschwand er in diese Zauberwolke des Grossväterlichen, nie verlor sich sein Gesicht in diese Kindlichkeit und Göttlichkeit, dessen Spiel oft wie Trauer, oft wie feiner Spott, oft wie stumm in sich versunkne Göttermaske aussah. Mein Vater sprach mit der Mutter nicht in indischen Sprachen, sondern

sprach Englisch, und ein reines, klares, schönes Leise baltisch gefärbtes Deutsch. Diese Sprache war es, mit der er mich anzog und gewann und unterrichtete, ihm strebte ich zu zeiten voll Bewunderung und Eifer nach, allzu eifrig, obwohl ich wusste, dass meine Wurzeln tiefer im Boden der Mutter wuchsen, im Dunkeläugigen und Geheimnisvollen. Meine Mutter war voll Musik, mein Vater nicht, er konnte nicht singen.
Neben mir wuchsen Schwestern auf und zwei ältere Brüder, grosse Brüder, beneidet und verehrt. Um uns her war die kleine Stadt, alt und bucklig, und um sie her die waldigen

Berge, streng
und etwas fins-
ter, und mit-
ten durchfloss
ein schöner
Fluss, gekrümt
und zögernd,
und dies alles
liebte ich und
nannte es Hei-
mat, und im
Walde und Fluss
kannte ich Ge-
wächs und Boden, Gestein
und Höhlen, Vogel, Eichhorn,
Fuchs und Fisch genau. Dies
alles gehörte mir, war mein,
war Heimat — aber ausser-
dem war der Glasschrank
und die Bibliothek da,
und der gütige Spott im
allwissenden Gesicht des Gros-
vaters, und der dunkel warme

Blick der Mutter, und die Schildkröten und Götzen, die indischen
Lieder und Sprüche, und diese Dinge sprachen mir von einer weiteren Welt, einer grösseren Heimat, einer älteren Herkunft, einem grösseren Zusammenhang.
Und oben auf seinem hohen,
drahtenen Gehäuse sass unser
graéuroter Papagei,
alt und klug, mit
gelehrtem Gesicht
und scharfem Schna-
bel, sang und sprach
und kam, auch er,
aus dem Fernen,
Unbekannten her,
flötete Dschungel-
Sprachen und roch nach Äquator. Viele Welten, viele Teile der
Erde streckten Arme und Strahlen aus und trafen und
kreuzten sich in unserem Hause. Und das Haus war gross!

und alt, mit vielen, zum Teil
leeren Räumen, mit Kellern und
grossen hallenden Korridoren, die nach Stein und
Kühle dufteten, und unendlichen Dachböden voll Holz
und Obst
und Zug-
wind und
dunkler
Leere. Vie-
le Welten
kreuzten ihre Strahlen in diesem Hause. Hier wurde gebetet und in der Bibel gelesen,
hier wurde studiert und
indische Philologie getrieben, hier wurde viel gute Musik gemacht, hier wusste
man von Buddha und Lao
Tse, Gäste kamen aus vie-
len Ländern, den Hauch von
Fremde und Ausland an den

Kleidern, mit absonderlichen
Koffern aus Leder und aus
Bastgeflecht
und dem
Klang frem-
der Sprachen, Arme wurden
hier gespeist und Feste gefeiert, Wissenschaft und Märchen
wohnten nah beisammen. Es
gab auch eine Grossmutter,
die wir etwas fürchteten, weil
sie kein Deutsch sprach und
in einer französischen Bibel
las. Vielfach und nicht überall verständlich war das Leben dieses Hauses, in vielen
Farben spielte hier das
Licht, reich und viel-
stimmig klang das
Leben. Es war schön
und gefiel mir, aber
schöner noch war die
Welt meiner Wunsch-

gedanken, reicher noch spielten meine Wachträume. Wirklichkeit war niemals genug, Zauber tat not.

Magie war heimisch in unserem Hause und in meinem Leben. Ausser den Schränken des Grossvaters gab es noch die meiner Mutter, voll asiatischer Gewebe, Kleider und Schleier, magisch war auch das Schielen des Götzen, voll Geheimnis der Geruch mancher alten Kammern und Treppenwinkel. Und in mir innen entsprach vieles diesem Aussen. Es gab Dinge und Zusammenhänge, die nur in mir selber und für mich allein vorhanden waren. Nichts war so geheimnisvoll, so wenig mitteilbar, so ausserhalb des alltäglich Tatsächlichen wie sie, und doch war nichts wirklicher. Schon das Launische Auftauchen und wieder Sichverbergen der Bilder und Geschichten in jenem grossen Buche war so, und die Wandlungen im Gesicht der Dinge, wie ich sie zu jeder Stunde sich vollziehen sah. Wie anders sahen Haustür, Gartenhaus und Strasse an einem Sonntagabend aus, als an einem Montagmorgen! Welch völlig anderes Gesicht zeigten Wanduhr und Christusbild im Wohnzimmer an einem Tage, wo Grossvaters Geist dort regierte, als wenn es der Geist des Vaters war, und wie sehr verwandelte sich alles aufs neue in den Stunden, wo überhaupt kein fremder Geist den Dingen ihre Signatur gab, sondern mein eigener, wo meine Seele mit den Dingen spielte und ihnen neue Namen und Bedeutungen gab! Da konnte ein wohlbekannter Stuhl oder Schemel, ein Schatten beim Ofen, der gedruckte Kopf einer Zeitung schön oder hässlich und böse werden, bedeutungsvoll oder banal, sehnsuchterweckend oder einschüchternd, lächerlich oder traurig. Wie wenig Festes, Stabiles, Bleibendes gab es doch! Wie lebte alles, erlitt Veränderung, sehnte sich nach Wandlung, lag auf der Lauer nach Auflösung und Neugeburt!

Von allen magischen Erscheinungen aber die wichtigste und herrlichste war »der kleine Mann«. Ich weiss nicht, wann ich ihn zum ersten Male sah, ich glaube, er war

schon immer da, er
kam mit mir zur
Welt. Der kleine
Mann war ein win-
ziges, grau schat-
tenhaftes Wesen,
ein Männlein,
Geist oder Kobold,
Engel oder Dämon, der zu-
zeiten da war und vor mir
her ging, im Traum wie auch
im Wachen, und dem ich folgen
musste, mehr als dem Vater,
mehr als der Mutter, mehr
als der Vernunft, ja oft
mehr als der Furcht. Wenn
der Kleine mir sichtbar wurde, gab es nur ihn, und wohin er ging oder was er tat,
das musste ich ihm nach-
tun. Bei Gefahren zeigte
er sich. Wenn mich ein bö-

ser Hund, ein erzürnter grös-
serer Kamerad verfolgte und
meine Lage heikel wurde,
dann, im schwierigsten Augenblick, war das kleine
Männlein da, lief vor mir,
zeigte mir den Weg, brachte Rettung. Er zeigte mir
die lose Latte im
Gartenzaun, durch
die ich im letzten
bangen Augen-
blick den Aus-
weg gewann, er machte
mir vor, was geradezu
tun war: sich fallen las-
sen, umkehren, davon-
laufen, schreien, schwei-
gen. Er nahm mir etwas,
das ich essen wollte, aus
der Hand, er führte mich
an den Ort, wo ich verlo-

rengegangene Besitztümer
wiederfand. Es gab Zeiten,
da sah ich ihn jeden Tag. Es
gab Zeiten, die blieb er
aus. Diese Zeiten waren
nicht gut, dann war alles
lau und unklar, nichts geschah, nichts ging vor-
wärts.
Einmal, auf dem Marktplatz,
lief der kleine Mann vor mir
her und ich ihm nach, und er
lief auf
den riesi-
gen Markt-
brunnen
zu, in des-
sen mehr
als manns
tiefes Stein
becken die

Vier Wasserstrahlen sprangen, turnte an der Steinwand empor bis zur Brüstung, und ich ihm nach, und als er von da mit einem hurtigen Schwung hinein ins tiefe Wasser sprang, sprang auch ich, es gab keine Wahl, und wäre ums Haar ertrunken. Ich ertrank aber nicht, sondern wurde herausgezogen, und zwar von einer jungen hübschen Nachbarsfrau, die ich bis dahin kaum gekannt hatte, und zu der ich nun in ein schönes Freundschafts- und Neckverhältnis kam, das mich lange Zeit beglückte.

Einmal hatte mein Vater mich für eine Missetat

zur Rede zu stellen. Ich
redete mich so halb und
halb heraus, wieder ein-
mal darunter Leidend, dass
es so schwer war sich den
Erwachsenen verständlich
zu machen. Es gab einige
Tränen und eine gelinde
Strafe, und zum Schluss
schenkte mir der Vater, damit ich die Stunde nicht
vergesse, einen hübschen
kleinen Taschenkalender.
Etwas beschämt und
von der Sache nicht
befriedigt ging ich
weg und ging über die
Flussbrücke plötzlich
Lief der kleine Mann vor
mir, er sprang auf das Brük-
kengeländer und befahl

mir durch seine Gebärde, das Geschenk meines Vaters wegzuwerfen, in den Fluss. Ich tat es sofort, Zweifel und Zögern gab es nicht, wenn der Kleine da war, die gab es nur, wenn er fehlte, wenn er ausblieb und mich im Stich liess. Ich erinnere mich eines Tages, da ging ich mit meinen Eltern spazieren, und der Kleine Mann erschien, er ging auf der linken Strassenseite, und ich ihm nach, und so oft mein Vater mich zu sich auf die andere Seite hinüberbefahl, der

Kleine kam nicht mit, beharrlich
ging er links, und ich musste jedesmal sofort wieder zu
ihm hinüber. Mein Vater
ward der Sache müde und
liess mich schliesslich gehen
wo ich mochte, er war gekränkt,
und erst später, zu Hause, fragte er mich, warum ich denn
durchaus habe ungehorsam
sein und auf der anderen
Strassenseite gehen müssen.
In solchen Fällen kam ich
sehr in Verlegenheit, ja
richtig in Not, denn nichts
war unmöglicher, als ir-
gendeinem Menschen ein
Wort vom kleinen Mann zu
sagen. Nichts wäre verbo-
tener, schlechter, todsündiger gewesen, als den klei-

nen Mann zu verraten, ihn zu nennen, von ihm zu sprechen. Nicht einmal an ihn denken, nicht einmal ihn rufen oder herbeiwünschen konnte ich. War er da, so war es gut, und man folgte ihm. War er nicht da, so war es, als sei er nie gewesen. Der kleine Mann hatte keinen Namen. Das Unmöglichste auf der Welt aber wäre es gewesen, dem kleinen Mann, wenn er einmal da war, nicht zu folgen. Wohin er ging, dahin ging ich ihm nach, auch ins Wasser, auch ins Feuer. Es war nicht so, dass

er mir dies oder jenes befahl
oder riet. Nein, er tat einfach
dies oder das, und ich tat es
nach. Etwas, was er tat,
nicht nachzutun, war ebenso unmöglich, wie es mei-
nem Schlagschatten un-
möglich wäre, meine Bewe-
gungen nicht mitzuma-
chen. Vielleicht war ich nur
der Schatten oder Spie-
gel des kleinen, oder er
der meine; vielleicht tat
ich, was ich ihm nachzutun
meinte, vor ihm, oder zu-
gleich mit ihm. Nur war
er nicht immer da, leider,
und wenn er fehlte, so
fehlte auch meinem Tun
die Selbstverständlich-
keit und Notwendig-

keit, dann konnte alles auch
and'ers sein, dann gab es
für jeden Schritt die Möglichkeit des Tuns oder
Lassens, des Zögerns, der
Überlegung.
Die guten, fro-
hen und glück-
lichen Schritte
meines damali-
gen Lebens sind aber alle
ohne Überlegung gesche-
hen. Das Reich der Freiheit
ist auch das Reich der
Täuschungen, vielleicht.
Wie hübsch wär meine
Freundschaft mit der lus-
tigen Nachbarsfrau, die
mich damals aus dem Brun-
nen gezogen hatte! Sie
war lebhaft, jung und
hübsch und dumm, von

einer liebenswerten, fast
genialen Dummheit. Sie
liess sich von mir Räuber-
und Zaubergeschichten er-
zählen, glaubte mir bald
zuviel, bald zu wenig, und
hielt mich mindestens für
einen der Weisen aus dem
Morgenlande, womit ich
gerne einverstanden war.
Sie bewunderte mich sehr.
Wenn ich ihretwas Lusti-
ges erzählte, lachte sie
laut und inbrünstig, noch
lang, ehe sie den
Witz begriffen hat-
te. Ich hielt ihr
das vor, ich fragte
sie: » Höre, Frau An-
na, wie kannst du
über einen Witz
Lachen, wenn du

ihn noch garnicht verstanden hast? Das ist sehr dumm und es ist ausserdem beleidigend für mich. Entweder verstehst du meine Witze und lachst, oder du kapierst sie nicht, dann brauchst du aber nicht zu lachen und zu tun, als hättest du verstanden.« Sie lachte weiter. »Nein«, rief sie, »du bist schon der gescheiteste Junge, den ich je gesehen habe, grossartig bist du. Du wirst ein Professor werden oder Minister oder ein Doktor. Das Lachen, weisst du, daran ist nichts übelzunehmen. Ich lache einfach, weil ich eine Freude an dir habe und weil du der spassigste Mensch bist, den es gibt. Aber jetzt erkläre mir also deinen Witz!«

Ich erklärte ihn umständlich, sie musste noch dies und jenes fragen, schliesslich begriff sie ihn wirklich, und wenn sie vorher herzlich und reichlich gelacht hatte, so lachte sie jetzt erst recht, lachte ganz toll und hinreissend, dass es auch mich ansteckte. Wie haben wir oft miteinander gelacht, wie hat sie mich verwöhnt und bewundert, wie war sie von mir entzückt! Es gab schwierige Sprech-

übungen, die ich ihr manchmal vorsagen musste, ganz
schnell dreimal nacheinander, zum Beispiel: »Wiener
Wäscher waschen weisse
wiener Wäsche« oder die
Geschichte vom Kottbuser
Postkutschkasten. Auch
sie musste es probieren,
ich bestand darauf, aber
sie lachte schon vorher,
keine drei Worte brachte
sie richtig heraus, wollte
es auch garnicht, und je-
der begonnene Satz ver-
lief in neues Gelächter.
Frau Anna ist der vergnügteste Mensch gewesen, den
ich gekannt habe. Ich
hielt sie, in meiner Kna-

benklugheit, fürnamenlos dum,
und am Ende war sie es auch,
aber sie ist ein glücklicher
Mensch gewesen, und ich neige
manchmal dazu glückli-
che Menschen für heimliche
Weise zu halten, auch wenn
sie dumm scheinen. Was ist
dümmer und macht unglück-
licher als Gescheitheit!
Jahre vergingen,
und mein Verkehr
mit Frau Anna war schon
eingeschlafen, ich war schon
ein grosser Schulknabe und
unterlag schon den Versuchungen, Leiden und Gefahren
der Gescheitheit, da brauchte ich sie eines Tages wieder. Und wieder war es der

Kleine Mann, der mich zu
ihr führte. Ich war seit einiger Zeit verzweifelt mit
der Frage nach dem Unter-
schied der Geschlechter und
der Entstehung der Kinder
beschäftigt, die Fra-
ge wurde immer bren-
nender und quälen-
der, und eines Tages
schmerzte und brannte sie
so sehr, dass ich lieber gar
nicht mehr leben wollte als
dies bange Rätsel unge-
löst lassen. Wild und verbissen ging ich, von der Schule heimkehrend, über den
Marktplatz, den Blick am
Boden, unglücklich und
finster, da war plötzlich

der kleine Mann da! Er
war ein seltner Gast geworden, er war mir seit Langem
untreu, oder ich ihm – nun
sah ich ihn plötzlich wieder, klein und flink Lief er
am Boden vor mir her, nur
einen Augenblick sichtbar,
und Lief ins Haus der Frau
Anna hinein. Er war ver-
schwunden, aber
schon war ich
ihm in dies
Haus gefolgt,
und schon wuß-
te ich warum,
und Frau An-
na schrie auf,
als ich uner-
wartet ihr ins

Zimmer gelaufen kam, denn sie war eben beim Umkleiden, aber sie ward mich nicht los, und bald wusste ich fast alles, was zu wissen mir damals so bitter notwendig war. Es wäre eine Liebschaft daraus geworden, wenn ich nicht noch allzu jung dafür gewesen wäre. Diese lustige dumme Frau unterschied sich von den meisten andern Erwachsenen dadurch, dass sie zwar dumm, aber natürlich und selbstverständlich war, immer gegenwärtig, nie verlogen, nie verlegen. Die meisten Erwachsenen waren anders.

Es gab Ausnahmen, es gab
die Mutter, Inbegriff des
Lebendigen, rätselhaft Wirksamen, und den Vater, In-
begriff der Gerechtigkeit
und Klugheit, und den
Grossvater, der kaum mehr
ein Mensch war, den Verborgenen, Allseitigen, Lächelnden, Unausschöpflichen. Die
Allermeisten Erwachsenen aber,
obwohl man sie verehren
und fürchten musste, waren
sehr tönerne Göt-
ter. Wie waren sie
komisch mit ihrer
ungeschickten
Schauspielerei,
wenn sie mit Kindern redeten!
Wie falsch klang ihr Ton, wie

falsch ihr Lächeln! Wie nahmen sie sich wichtig, sich und ihre Verrichtungen und Geschäfte, wie übertrieben ernst hielten sie, wenn man sie über die Gasse gehen sah, ihre Werkzeuge, ihre Mappen, ihre Bücher unter den Arm geklemmt, wie warteten sie darauf, erkannt, gegrüsst und verehrt zu werden! Manchmal kamen am Sonntag Leute zu meinen Eltern, um »Besuch zu machen«, Männer mit Zylinderhüten in ungeschickten Händen, die in steifen Glacéhandschuhen staken, wichtige, würdevol-

Le, vor lauter Würde verlegene Männer, Anwälte und Amtsrichter, Pfarrer und Lehrer, Direktoren und Inspektoren, mit ihren etwas ängstlichen, etwas unterdrückten Frauen. Sie sassen steif auf den Stühlen, zu allem musste man sie nötigen, bei allem ihnen behilflich sein, beim Ablegen, beim Eintreten, beim Niedersitzen, beim Fragen und Antworten, beim Fortgehen. Diese kleinbürgerliche Welt nicht so ernst zu nehmen, wie sie verlangte, war mir

Leicht gemacht, da meine Eltern ihr nicht angehörten
und sie selber komisch fanden. Aber auch wenn sie
nicht Theater spielten, Handschuhe trugen und Visiten
machten, waren die mei-
sten Erwachsenen mir
reichlich seltsam und Lä-
cherlich. Wie taten sie wichtig mit ihrer Arbeit, mit
ihren Handwerken und
Ämtern, wie gross und heilig kamen sie sich vor!
Wenn ein Fuhrmann, poli-
zist oder Pflasterer die
Strasse versperrte,
das war eine heili-
ge Sache, da war
es selbstverständ-
lich, dass man aus-

wich und platz machte
oder gar mit half. Aber kinder mit ihren Arbeiten und
Spielen, die waren nicht wichtig, die wurden beiseitegeschoben und angebrüllt.
Taten sie denn weniger Richtiges, weniger Gutes, weniger Wichtiges als die Grossen? O nein, im Gegenteil,
aber die Grossen waren eben
mächtig, sie befahlen, sie
regierten. Dabei hatten sie,
genau wie wir Kinder, ihre
Spiele, sie spielten Feuer-

wehrübung, spielten Sol-
daten, sie gingen in Vereine und Wirtshäuser, aber
alles mit jener Miene von
Wichtigkeit und Gültig,
keit, als müsse das alles so
sein und gäbe es nichts
Schöneres und Heiligeres.
Gescheite Leute waren un-
ter ihnen, zugegeben, auch
unter den Lehrern. Aber
war nicht das eine schon
merkwürdig und verdäch-
tig, dass unter allen diesen »grossen« Leuten, welche doch alle vor einiger
Zeit selbst Kinder gewe-
sen waren, so sehr weni-
ge sich fanden, die es
nicht vollkommen verges-

sen und verlernt hatten,
was ein Kind ist, wie es
lebt, arbeitet, spielt, denkt,
was ihm Lieb und Leid ist?
Wenige, sehr wenige, die
das noch wussten! Es gab
nicht nur Tyrannen und
Grobiane, die gegen Kin-
der böse und hässlich wa-
ren, sie überall wegjag-
ten, sie scheel und
hassvoll ansahen,
ja manchmal an-
scheinend etwas wie
Furcht vor ihnen hatten.
Nein, auch die andern, die
es gut meinten, die gern
zuweilen zu einem Gespräch
mit Kindern sich herab-
liessen, auch sie wussten
meistens nicht mehr, worauf

es an kam, auch sie muß-
ten fast alle sich müh-
sam und verlegen zu kin-
dern herunterschrauben,
wenn sie sich mit uns einlassen wollten, aber nicht
zu richtigen Kindern, sondern zu erfundenen, dum-
men Karikaturkindern.
Alle diese Erwachsenen,
fast alle, lebten in einer
andern Welt, atmeten
eine andere Art von Luft
als wir Kinder. Sie wa-
ren häufig nicht klüger
als wir, sehr oft hatten
sie nichts vor uns voraus
als jene geheimnisvolle
Macht. Sie waren stär-
ker, ja, sie konnten uns,

Wenn wir nicht freiwillig gehorchten, zwingen und prügeln   . War das aber eine echte Überlegenheit? War nicht jeder Ochs   und Elefant   viel stärker als so ein Erwachsener? Aber sie hatten die Macht, sie befahlen, ihre Welt und Mode galt als die richtige. Dennoch, und das war mir ganz besonders merkwürdig und einige Male beinah grauenhaft – dennoch gab es viele Erwachsene, die uns Kinder zu beneiden schienen. Manchmal konnten sie es ganz

naiv und offen ausspre-
chen und etwa mit einem
Seufzer sagen: »Ja, ihr
Kinder habet es noch gut!«
Wenn das nicht gelogen war –
und es war nicht gelogen, das
spürte ich zuweilen bei solchen Aussprüchen –, dann
waren also die Erwachsenen,
die Mächtigen, die Würdigen
und Befehlenden garnicht
glücklicher als wir, die
wir gehorchen und ihnen
Hochachtung erweisen muss-
ten. In einem Musikalbum,
ausdem ich lernte, stand
auch richtig ein Lied mit
dem erstaunlichen Kehr-
reim: »O selig, o selig, ein
Kind noch zu sein!« Dies

war ein Geheimnis. Es gab
etwas, was wir Kinder be-
sassen und was den Gros-
sen fehlte, sie waren nicht
bloss grösser und stärker,
sie waren in irgendeinem
Betracht auch ärmer als
wir! Und sie, die wir oft
um ihre Lange Gestalt, ihre
Würde, ihre anscheinende
Freiheit und Selbstherrlich-
keit um ihre Bärte
und Langen Hosen
beneideten, sie
beneideten uns eiten,
sogar in Liedern, die
sie sangen, uns kLei-
ne!
Nun, einstweiLen war ich
trotz aLLem gLückLich. Es

gab vieles in der Welt, was ich gern anders gesehen hätte, und gar in der Schule; aber ich wardennoch glücklich. Es wurde mir zwar von vielen Seiten versichert und eingebläut, dass der Mensch nicht bloß zu seiner Lust auf Erden wandle und dass wahres Glück erst jenseits den Geprüften und Bewährten zuteil werde, es ging dies aus vielen Sprüchen und Versen hervor, die ich lernte und die mir oft sehr schön und rührend erschienen. Allein diese Dinge, welche auch meinem Vater viel zu schaffen machten, brannten mich

nicht sehr, und wenn es mir
einmal schlecht ging, wenn
ich krank war oder unerfüllte Wünsche hatte, oder Streit
und Trotz mit den Eltern,
dann flüchtete ich selten zu
Gott, sondern hatte andere
Schleichwege, die mich wieder
ins Helle führten. Wenn
die gewöhnlichen Spiele versagten, wenn Eisenbahn, Kaufladen und Märchenbuch
verbraucht und langweilig
waren, dann fielen mir oft
gerade die schönsten neu-
en Spiele ein. Und wenn
es nichts anderes war als
dass ich abends im Bett
die Augen schloss und

mich in den märchenhaften
Anblick der vor mir erscheinen den Farben Kreise verlor – wie
zuckte da
Beglückung
und Geheim-
nis aufs neue
auf, wie ahnungs-
voll und viel verspre-
chend wurde die Welt!
Die ersten Schuljahre gingen hin, ohne mich sehr
zu verändern. Ich mach-
te die Erfahrung, dass
Vertrauen und Aufrich-
tigkeit uns zu Schaden
bringen kann, ich lernte

unter einigen gleichgül-
tigen Lehrern das Notwen-
digste im Lügen und Sich-
verstellen; von da an kam
ich durch. Langsam aber
welkte auch mir die erste
Blüte hin, langsam lern-
te auch ich, ohne es zu
ahnen, jenes falsche
Lied des Lebens, jenes
Sich beugen unter die
»Wirklichkeit« un-
ter die Gesetze der
Erwachsenen, je-
ne
Anpas-
sung an
die Welt, »wie
sie nun einmal

ist«. Ich weiss seit Langem, warum in den Liederbüchern der Erwachsenen solche Verse stehen wie der: »O selig, ein Kind noch zu sein«, und auch für mich gab es viele Stunden, in welchen ich die beneidete, die noch Kinder sind.

Als es sich, in meinem zwölften Jahre, darum handelte, ob ich Griechisch Lernen sollte, sagte ich ohne weiteres Ja, denn mit der Zeit so gelehrt zu werden wie mein Vater, und womöglich wie mein Grossvater, schien mir unerlässlich. Aber von diesem Tage an war ein Lebensplan für mich da; ich sollte studieren und entweder Pfarrer oder Philologe werden, denn dafür gab es Stipendien. Auch der Grossvater war einst diesen Weg gegangen. Scheinbar war dies ja nichts

Schlimmes. Nur hatte ich
jetzt auf einmal eine Zu-
kunft, nur stand jetzt ein
Wegweiser an meinem Wege,
nur führte mich jetzt jeder
Tag und jeder Monat dem
angeschriebenen Ziele nä-
her, alles wies dorthin,
alles führte weg, weg von
der Spielerei und Gegen-
wärtigkeit meiner bis heri-
gen Tage, die nicht ohne
Sinn, aber ohne Ziel,
ohne Zukunft gewesen
waren. Das Leben der Er-
wachsenen hatte mich
eingefangen, an einer
Haarlocke erst oder an
einem Finger, aber bald

würde es mich ganz gefangen haben und festhalten, das Leben nach Zielen, nach Zahlen, das Leben der Ordnung § und der Ämter, des Berufs und der Prüfungen; bald würde auch mir die Stunde schlagen, bald würde auch ich Student, Kandidat, Geistlicher, Professor sein, würde Besuche mit einem Zylinderhut machen, lederne Handschuhe dazu tragen, die Kinder nicht mehr verstehen, sie vielleicht beneiden. Und ich wollte ja doch in meinem Herzen dies alles nicht

ich wollte nicht fort aus
meiner Welt, wo es gut
und köstlich war. Ein ganz
heimliches Ziel *Ziel* allerdings gab es für mich,
wenn ich an die Zukunft
dachte. Eines wünschte ich
mir sehnlich, nämlich ein
Zauberer zu werden.
Der Wunsch und Traum
blieb mir lange treu. Aber
er begann an Allmacht
zu verlieren, er hatte
Feinde, es stand ihm an-
deres entgegen, Wirkliches,
Ernsthaftes, nicht zu Leugnendes. Langsam, Lang-
sam welkte die Blüte

hin 🌸 Langsam kam
mir aus 'dem Unbegrenzten
etwas Begrenztes entge-
gen, die wirkliche Welt,
die Welt der Erwachsenen.
Langsam wurde mein
Wunsch, ein Zauberer zu
werden, obwohl ich ihn
noch sehnlich weiter
wünschte, vor mir selber
wertloser, wurde vor mir
selber zur Kinderei. Schon
gabes etwas, worin ich
nicht mehr Kind war.
Schon war die unendli-
che, tausend-

fältige Welt des Mögli-
chen mir begrenzt, in Felder geteilt, von Zäunen
durchschnitten. Langsam
verwandelte sich der Ur-
wald meiner Tage, es er-
starrte das Paradies um
mich her. Ich blieb nicht
was ich war, Prinz und
König im Land des
Möglichen, ich wurde nicht
Zauberer, ich lernte Griechisch, in zwei Jahren würde Hebräisch dazukomen,
in sechs Jahren würde ich
Student sein. Unmerklich vollzog sich
die Einschnürung, unmerk-
lich verrauchte ringsum

die Magie. Die wunderbare
Geschichte im Grossvaterbuch
war noch immer schön, aber
sie stand auf einer Seite,
deren Zahl ich wusste, und
da stand sie heute und
morgen und zu jeder
Stunde, es gab keine Wun-
der mehr. Gleichmütig
Lächelte der tanzende Gott
aus Indien, und war aus
Bronze, selten sah ich ihn
mehr an, nie mehr
sah ich ihn schie-
Len. Und - das schlims-
te - seltener und sel-
tener sah ich den Grauen,
den kleinen Mann. Über-
all war ich von Entzau-

berung umgeben, vieles
wurde eng, was einst weit,
vieles wurde ärmlich, was
einst kostbar gewesen
war.
Doch spürte ich das nur
im Verborgenen, unter der
Haut, doch war ich fröh-
lich und herrschsüchtig,
lernte schwimmen und
Schlittschuh laufen, ich
war der erste im Griechi-
schen, alles ging schein-
bar vortrefflich. Nur
hatte alles eine etwas blassere Farbe, einen etwas leereren Klang, nur war es
mir langweilig geworden,
zur Frau Anna zu gehen,

nur ging ganz sachte aus
allem, was ich lebte, et-
was verloren, etwas nicht
Bemerktes, nicht Vermisstes,
das aber doch weg war und
fehlte. Und wenn ich jetzt
einmal wieder mich selber
ganz und glühend füh-
len wollte, dann bedurf-
te ich stärkerer Reize dazu, musste mich rütteln und
einen Anlauf nehmen. Ich
gewann Geschmack an stark
gewürzten Speisen, ich naschte häufig, ich stahl zuweilen Groschen, um
mir irgend eine besondere
Lust zu gönnen, weil
es sonst nicht lebendig

und schön genug war.
Auch begannen die Mädchen
mich anzuziehen; es war
kurz nach der Zeit, da der
kleine Mann noch einmal
erschienen und mich
noch einmal zu
Frau Anna ge-
führt hatte.

Kindheit des Zauberers

Wieder steig ich und wieder
In deinen Brunnen, holde Sage von einst,
Höre fern deine goldnen Lieder,
Wie du lachst, wie du träumst, wie du leise weinst.
Mahnend aus deiner Tiefe
Flüstert das Zauberwort;
Mir ist, ich sei trunken und schliefe
Und du riefest mir fort und fort...

Nicht von Eltern und Lehrern allein wurde ich erzogen, sondern auch von höheren, verborgeneren und geheimnisvolleren Mächten, unter ihnen war auch der Gott Pan, welcher in der Gestalt einer kleinen, tanzenden indischen Götzenfigur im Glasschrank meines Großvaters stand. Diese Gottheit, und noch andre, haben sich meiner Kinderjahre angenommen und haben mich, lange schon ehe ich lesen und schreiben konnte, mit morgenländischen, uralten Bildern und Gedanken so erfüllt, daß ich später jede Begegnung mit indischen und chinesischen Weisen als eine Wiederbegegnung, als eine Heimkehr empfand. Und dennoch bin ich Europäer, bin sogar im aktiven Zeichen des Schützen geboren, und habe mein Leben lang tüchtig die abendländischen Tugenden der Heftigkeit, der Begehrlichkeit und der unstillbaren Neugierde geübt. Zum Glück habe ich, gleich den meisten Kindern, das fürs Leben Unentbehrliche und Wertvollste schon vor dem Beginn der Schuljahre gelernt, unterrichtet von Apfelbäumen, von Regen und Sonne, Fluß und Wäldern, Bienen und Käfern, unterrichtet vom Gott Pan, unterrichtet vom tanzenden Götzen in der Schatzkammer des Großvaters. Ich wußte Bescheid in der Welt, ich verkehrte furchtlos mit Tieren und Sternen, ich kannte mich in Obstgärten und im Wasser bei den Fischen aus und konnte schon eine gute Anzahl von Liedern singen. Ich konnte auch zaubern, was ich dann leider früh verlernte und erst in höherem Alter von neuem lernen mußte, und verfügte über die ganze sagenhafte Weisheit der Kindheit.

Hinzu kamen nun also die Schulwissenschaften, welche mir leichtfielen und Spaß machten. Die Schule befaßte sich klugerweise nicht mit jenen ernsthaften Fertigkeiten, welche für das Leben unentbehrlich sind, sondern vorwiegend mit spielerischen und hübschen Unterhaltungen, an welchen ich oft mein Vergnügen fand, und mit Kenntnissen, von welchen manche mir lebenslänglich treu geblieben sind; so weiß ich heute noch viele schöne und witzige lateinische Wörter, Verse und Sprüche sowie die Einwohnerzahl vieler Städte in allen Erdteilen, natürlich nicht die von heute, sondern die der achtziger Jahre.

Bis zu meinem dreizehnten Jahre habe ich mich niemals ernstlich darüber besonnen, was einmal aus mir werden und welchen Beruf ich erlernen könnte. Wie alle Knaben, liebte und beneidete ich manche Berufe: den Jäger, den Flößer, den Fuhrmann, den Seiltänzer, den Nordpolfahrer. Weitaus am liebsten aber wäre ich ein Zauberer geworden. Dies war die tiefste, innigst gefühlte Richtung meiner Triebe, eine gewisse Unzufriedenheit mit dem, was man die »Wirklichkeit« nannte und was mir zuzeiten lediglich wie eine alberne Vereinbarung der Erwachsenen erschien; eine gewisse bald ängstliche, bald spöttische Ablehnung dieser Wirklichkeit war mir früh geläufig, und der brennende Wunsch, sie zu verzaubern, zu verwandeln, zu steigern. In der Kindheit richtete sich dieser Zauberwunsch auf äußere, kindliche Ziele: ich hätte gern im Winter Äpfel wachsen und meine Börse sich durch Zauber mit Gold und Silber füllen lassen, ich träumte davon, meine Feinde durch magischen Bann zu lähmen, dann durch Großmut zu beschämen, und zum Sieger und König ausgerufen zu werden; ich wollte vergrabene Schätze heben, Tote auferwecken und mich unsichtbar machen können. Namentlich dies, das Unsichtbarwerden, war eine Kunst, von der ich sehr viel hielt und die ich aufs innigste begehrte. Auch nach ihr, wie nach all den Zaubermächten, begleitete der Wunsch mich durchs ganze Leben in vielen Wandlungen, welche ich selbst oft nicht gleich erkannte. So geschah es mir später, als ich längst erwachsen war und den Beruf eines Literaten ausübte, daß ich häufige Male den Versuch machte, hinter meinen Dichtungen zu verschwinden, mich umzutaufen und hinter bedeutungsreiche spielerische Namen zu verbergen – Versuche, welche mir seltsamerweise von meinen Berufsgenossen des öftern verübelt und mißdeutet wurden. Blicke ich zurück, so ist mein ganzes Leben unter dem Zeichen dieses Wunsches nach Zauberkraft gestanden; wie die Ziele der Zauberwünsche sich mit den Zeiten wandelten, wie ich sie allmählich der Außenwelt entzog und in mich selbst einsog, wie ich allmählich dahin strebte, nicht mehr die Dinge, sondern mich selbst zu verwandeln, wie ich danach trachten lernte, die plumpe Unsichtbarkeit unter der Tarnkappe zu ersetzen durch die Unsichtbarkeit des Wissenden, welcher erkennend stets unerkannt bleibt – dies wäre der eigentlichste Inhalt meiner Lebensgeschichte.

Ich war ein lebhafter und glücklicher Knabe, spielend mit der schönen farbigen Welt, überall zu Hause, nicht minder bei Tieren und Pflanzen wie im Urwald meiner eigenen

Phantasie und Träume, meiner Kräfte und Fähigkeiten froh, von meinen glühenden Wünschen mehr beglückt als verzehrt. Manche Zauberkunst übte ich damals, ohne es zu wissen, viel vollkommener, als sie mir je in späteren Zeiten wieder gelang. Leicht erwarb ich Liebe, leicht gewann ich Einfluß auf andre, leicht fand ich mich in die Rolle des Anführers, oder des Umworbenen, oder des Geheimnisvollen. Jüngere Kameraden und Verwandte hielt ich jahrelang im ehrfürchtigen Glauben an meine tatsächliche Zaubermacht, an meine Herrschaft über Dämonen, an meinen Anspruch auf verborgene Schätze und Kronen. Lange habe ich im Paradies gelebt, obwohl meine Eltern mich frühzeitig mit der Schlange bekannt machten. Lange dauerte mein Kindestraum, die Welt gehörte mir, alles war Gegenwart, alles stand zum schönen Spiel um mich geordnet. Erhob sich je ein Ungenügen und eine Sehnsucht in mir, schien je einmal die freudige Welt mir beschattet und zweifelhaft, so fand ich meistens leicht den Weg in die andere, freiere, widerstandslose Welt der Phantasien und fand, aus ihr wiedergekehrt, die äußere Welt aufs neue hold und liebenswert. Lange lebte ich im Paradiese.

Es war ein Lattenverschlag in meines Vaters kleinem Garten, da hatte ich Kaninchen und einen gezähmten Raben leben. Dort hauste ich unendliche Stunden, lang wie Weltzeitalter, in Wärme und Besitzerwonne, nach Leben dufteten die Kaninchen, nach Gras und Milch, Blut und Zeugung; und der Rabe hatte im schwarzen, harten Auge die Lampe des ewigen Lebens leuchten. Am selben Orte hauste ich andere, endlose Zeiten, abends, bei einem brennenden Kerzenrest, neben den warmen schläfrigen Tieren, allein oder mit einem Kameraden, und entwarf die Pläne zur Hebung ungeheurer Schätze, zur Gewinnung der Wurzel Alraun und zu siegreichen Ritterzügen durch die erlösungsbedürftige Welt, wo ich Räuber richtete, Unglückliche erlöste, Gefangene befreite, Raubburgen niederbrannte, Verräter ans Kreuz schlagen ließ, abtrünnigen Vasallen verzieh, Königstöchter gewann und die Sprache der Tiere verstand.

Es gab ein ungeheuer großes, schweres Buch im großen Büchersaal meines Großvaters, darin suchte und las ich oft. Es gab in diesem unausschöpflichen Buch alte wunderliche Bilder – oft fielen sie einem gleich beim ersten Aufschlagen und Blättern hell und einladend entgegen, oft auch suchte man sie lang und fand sie nicht, sie waren weg, verzaubert, wie nie gewesen. Es stand eine Geschichte in diesem Buch, unendlich schön und unverständlich, die las ich oft. Auch sie war nicht immer zu finden, die Stunde mußte günstig sein, oft war sie ganz und gar verschwunden und hielt sich versteckt, oft schien sie Wohnort und Stelle gewechselt zu haben, manchmal war sie beim Lesen sonderbar freundlich und beinahe verständlich, ein andres Mal ganz dunkel und verschlossen wie die Tür im Dachboden, hinter welcher man in der Dämmerung manchmal die Geister hören konnte, wie sie kicherten oder stöhnten. Alles war voll Wirklichkeit, und alles war voll Zauber, beides gedieh vertraulich nebeneinander, beides gehörte mir.

Auch der tanzende Götze aus Indien, der in des Großvaters schätzereichem Glasschrank stand, war nicht immer derselbe Götze, hatte nicht immer dasselbe Gesicht, tanzte nicht zu allen Stunden denselben Tanz. Zuzeiten war er ein Götze, eine seltsame und etwas drollige Figur, wie sie in fremden, unbegreiflichen Ländern von anderen, fremden und unbegreiflichen Völkern gemacht und angebetet wurden. Zu anderen Zeiten war er ein Zauberwerk, bedeutungsvoll und namenlos unheimlich, nach Opfern gierig, bösartig, streng, unzuverlässig, spöttisch, er schien mich dazu zu reizen, daß ich etwa über ihn lache, um dann Rache an mir zu nehmen. Er konnte den Blick verändern, obwohl er aus gelbem Metall war; manchmal schielte er. Wieder in anderen Stunden war er ganz Sinnbild, war weder häßlich noch schön, war weder böse noch gut, weder lächerlich noch furchtbar, sondern einfach, alt und unausdenklich wie eine Rune, wie ein Moosfleck am Felsen, wie die Zeichnung auf einem Kiesel, und hinter seiner Form, hinter seinem Gesicht und Bild wohnte Gott, weste das Unendliche, das ich damals, als Knabe, ohne Namen nicht minder verehrte und kannte als später, da ich es Shiva, Vishnu, da ich es Gott, Leben, Brahman, Atman, Tao oder ewige Mutter nannte. Es war Vater, war Mutter, es war Weib und Mann, Sonne und Mond.

Und in der Nähe des Götzen im Glasschrank, und in anderen Schränken des Großvaters stand und hing und lag noch viel anderes Wesen und Geräte, Ketten aus Holzperlen wie Rosenkränze, palmblätterne Rollen mit eingeritzter alter indischer Schrift beschrieben, Schildkröten aus grünem Speckstein geschnitten, kleine Götterbilder aus Holz, aus Glas, aus Quarz, aus Ton, gestickte seidene und leinene Decken, messingene Becher und Schalen, und dieses alles kam aus Indien und aus Ceylon, der Paradiesinsel mit den Farnbäumen und Palmenufern und den sanften, rehäugigen Singhalesen, aus Siam kam es und aus Birma, und alles roch nach Meer, Gewürz und Ferne, nach Zimmet und Sandelholz, alles war durch braune und gelbe Hände gegangen, befeuchtet von Tropenregen und Gangeswasser, gedörrt an Äquatorsonne, beschattet von Urwald. Und alle diese Dinge gehörten dem Großvater, und er, der Alte, Ehrwürdige, Gewaltige, im weißen breiten Bart, allwissend, mächtiger als Vater und Mutter, er war im Besitz noch ganz anderer Dinge und Mächte, sein war nicht nur das indische Götter- und Spielzeug, all das Geschnitzte, Gemalte, mit Zaubern Geweihte, Kokosnußbecher und Sandelholztruhe, Saal und Bibliothek, er war auch ein Magier, ein Wissender, ein Weiser. Er verstand alle Sprachen der Menschen, mehr als dreißig, vielleicht auch die der Götter, vielleicht auch der Sterne, er konnte Pali und Sanskrit schreiben und sprechen, er konnte kanaresische, bengalische, hindostanische, singhalesische Lieder singen, kannte die Gebetsübungen der Mohammedaner und der Buddhisten, obwohl er Christ war und an den dreieinigen Gott glaubte, er war viele Jahre und Jahrzehnte in östlichen, heißen, gefährlichen Ländern gewesen, war auf Booten und in Ochsenkarren gereist, auf Pferden und Mauleseln, niemand wußte so wie er Bescheid

99

darum, daß unsre Stadt und unser Land nur ein sehr kleiner Teil der Erde war, daß tausend Millionen Menschen anderen Glaubens waren als wir, andere Sitten, Sprachen, Hautfarben, andre Götter, Tugenden und Laster hatten als wir. Ihn liebte, verehrte und füchtete ich, von ihm erwartete ich alles, ihm traute ich alles zu, von ihm und seinem verkleideten Gotte Pan im Gewand des Götzen lernte ich unaufhörlich. Dieser Mann, der Vater meiner Mutter, stak in einem Wald von Geheimnissen, wie sein Gesicht in einem weißen Bartwalde stak, aus seinen Augen floß Welttrauer und floß heitere Weisheit, je nachdem, einsames Wissen und göttliche Schelmerei, Menschen aus vielen Ländern kannten, verehrten und besuchten ihn, sprachen mit ihm englisch, französisch, indisch, italienisch, malaiisch, und reisten nach langen Gesprächen wieder spurlos hinweg, vielleicht seine Freunde, vielleicht seine Gesandten, vielleicht seine Diener und Beauftragten. Von ihm, dem Unergründlichen, wußte ich auch das Geheimnis herstammen, das meine Mutter umgab, das Geheime, Uralte, und auch sie war lange in Indien gewesen, auch sie sprach und sang Malajalam und Kanaresisch, wechselte mit dem greisen Vater Worte und Sprüche in fremden, magischen Zungen. Und wie er, besaß auch sie zuzeiten das Lächeln der Fremde, das verschleierte Lächeln der Weisheit.

Anders war mein Vater. Er stand allein. Weder der Welt des Götzen und des Großvaters gehörte er an, noch dem Alltag der Stadt, abseits stand er, einsam, ein Leidender und Suchender, gelehrt und gütig, ohne Falsch und voll von

Eifer im Dienst der Wahrheit, aber weit weg von jenem Lächeln, edel und zart, aber klar, ohne jenes Geheimnis. Nie verließ ihn die Güte, nie die Klugheit, aber niemals verschwand er in diese Zauberwolke des Großväterlichen, nie verlor sich sein Gesicht in diese Kindlichkeit und Göttlichkeit, dessen Spiel oft wie Trauer, oft wie feiner Spott, oft wie stumm in sich versunkene Göttermaske aussah. Mein Vater sprach mit der Mutter nicht in indischen Sprachen, sondern sprach englisch und ein reines, klares, schönes, leise baltisch gefärbtes Deutsch. Diese Sprache war es, mit der er mich anzog und gewann und unterrichtete, ihm strebte ich zuzeiten voll Bewunderung und Eifer nach, allzu eifrig, obwohl ich wußte, daß meine Wurzeln tiefer im Boden der Mutter wuchsen, im Dunkeläugigen und Geheimnisvollen. Meine Mutter war voll Musik, mein Vater nicht, er konnte nicht singen.

Neben mir wuchsen Schwestern auf und zwei ältere Brüder, große Brüder, beneidet und verehrt. Um uns her war die kleine Stadt, alt und bucklig, und um sie her die waldigen Berge, streng und etwas finster, und mitten durch floß ein schöner Fluß, gekrümmt und zögernd, und dies alles liebte ich und nannte es Heimat, und im Walde und Fluß kannte ich Gewächs und Boden, Gestein und Höhlen, Vogel, Eichhorn, Fuchs und Fisch genau. Dies alles gehörte mir, war mein, war Heimat – aber außerdem war der Glasschrank und die Bibliothek da, und der gütige Spott im allwissenden Gesicht des Großvaters, und der dunkelwarme Blick der Mutter, und die Schildkröten und Götzen, die

indischen Lieder und Sprüche, und diese Dinge sprachen
mir von einer weiteren Welt, einer größeren Heimat, einer
älteren Herkunft, einem größeren Zusammenhang. Und
oben auf seinem hohen, drahtenen Gehäuse saß unser
grauroter Papagei, alt und klug, mit gelehrtem Gesicht und
scharfem Schnabel, sang und sprach und kam, auch er, aus
dem Fernen, Unbekannten her, flötete Dschungelsprachen
und roch nach Äquator. Viele Welten, viele Teile der Erde
streckten Arme und Strahlen aus und trafen und kreuzten
sich in unserem Hause. Und das Haus war groß und alt, mit
vielen, zum Teil leeren Räumen, mit Kellern und großen
hallenden Korridoren, die nach Stein und Kühle dufteten,
und unendlichen Dachböden voll Holz und Obst und Zug-
wind und dunkler Leere. Viele Welten kreuzten ihre
Strahlen in diesem Hause. Hier wurde gebetet und in der
Bibel gelesen, hier wurde studiert und indische Philologie
getrieben, hier wurde viel gute Musik gemacht, hier wußte
man von Buddha und Lao Tse, Gäste kamen aus vielen
Ländern, den Hauch von Fremde und Ausland an den Kleidern, mit absonderlichen Koffern aus Leder und aus Bastgeflecht und dem Klang fremder Sprachen, Arme wurden
hier gespeist und Feste gefeiert, Wissenschaft und Märchen
wohnten nah beisammen. Es gab auch eine Großmutter, die
wir etwas fürchteten und wenig kannten, weil sie kein
Deutsch sprach und in einer französischen Bibel las. Vielfach
und nicht überall verständlich war das Leben dieses Hauses,
in vielen Farben spielte hier das Licht, reich und vielstimmig
klang das Leben. Es war schön und gefiel mir, aber schöner

noch war die Welt meiner Wunschgedanken, reicher noch spielten meine Wachträume. Wirklichkeit war niemals genug, Zauber tat not.

Magie war heimisch in unsrem Hause und in meinem Leben. Außer den Schränken des Großvaters gab es noch die meiner Mutter, voll asiatischer Gewebe, Kleider und Schleier, magisch war auch das Schielen des Götzen, voll Geheimnis der Geruch mancher alten Kammern und Treppenwinkel. Und in mir innen entsprach vieles diesem Außen. Es gab Dinge und Zusammenhänge, die nur in mir selber und für mich allein vorhanden waren. Nichts war so geheimnisvoll, so wenig mitteilbar, so außerhalb des alltäglich Tatsächlichen wie sie, und doch war nichts wirklicher. Schon das launische Auftauchen und wieder Sichverbergen der Bilder und Geschichten in jenem großen Buche war so, und die Wandlungen im Gesicht der Dinge, wie ich sie zu jeder Stunde sich vollziehen sah. Wie anders sahen Haustür, Gartenhaus und Straße an einem Sonntagabend aus als an einem Montagmorgen! Welch völlig anderes Gesicht zeigten Wanduhr und Christusbild im Wohnzimmer an einem Tage, wo Großvaters Geist dort regierte, als wenn es der Geist des Vaters war, und wie sehr verwandelte sich alles aufs neue in den Stunden, wo überhaupt kein fremder Geist den Dingen ihre Signatur gab, sondern mein eigener, wo meine Seele mit den Dingen spielte und ihnen neue Namen und Bedeutungen gab! Da konnte ein wohlbekannter Stuhl oder Schemel, ein Schatten beim Ofen, der gedruckte Kopf einer Zeitung schön oder häßlich und böse werden, bedeutungsvoll oder banal, sehnsuchtweckend oder einschüchternd, lächerlich oder traurig. Wie wenig Festes, Stabiles, Bleibendes gab es doch! Wie lebte alles, erlitt Veränderung, sehnte sich nach Wandlung, lag auf der Lauer nach Auflösung und Neugeburt!

Von allen magischen Erscheinungen aber die wichtigste und herrlichste war »der kleine Mann«. Ich weiß nicht, wann ich ihn zum ersten Male sah, ich glaube, er war schon immer da, er kam mit mir zur Welt. Der kleine Mann war ein winziges, grau schattenhaftes Wesen, ein Männlein, Geist oder Kobold, Engel oder Dämon, der zuzeiten da war und vor mir herging, im Traum wie auch im Wachen, und dem ich folgen mußte, mehr als dem Vater, mehr als der Mutter, mehr als der Vernunft, ja oft mehr als der Furcht. Wenn der Kleine mir sichtbar wurde, gab es nur ihn, und wohin er ging oder was er tat, das mußte ich ihm nachtun: Bei Gefahren zeigte er sich. Wenn mich ein böser Hund, ein erzürnter größerer Kamerad verfolgte und meine Lage heikel wurde, dann, im schwierigsten Augenblick, war das kleine Männlein da, lief vor mir, zeigte mir den Weg, brachte Rettung. Er zeigte mir die lose Latte im Gartenzaun, durch die ich im letzten bangen Augenblick den Ausweg gewann, er machte mir vor, was gerade zu tun war: sich fallenlassen, umkehren, davonlaufen, schreien, schweigen. Er nahm mir etwas, was ich essen wollte, aus der Hand, er führte mich an den Ort, wo ich verlorengegangene Besitztümer wiederfand. Es gab Zeiten, da sah ich ihn jeden Tag. Es gab Zeiten, da blieb er aus. Diese Zeiten waren nicht gut, dann war alles lau und unklar, nichts geschah, nichts ging vorwärts.

Einmal, auf dem Marktplatz, lief der kleine Mann vor mir her und ich ihm nach, und er lief auf den riesigen Marktbrunnen zu, in dessen mehr als mannstiefes Steinbecken die vier Wasserstrahlen sprangen, turnte an der Steinwand empor bis zur Brüstung, und ich ihm nach, und als er von da mit einem hurtigen Schwung hinein ins tiefe Wasser sprang, sprang auch ich, es gab keine Wahl, und wäre ums Haar ertrunken. Ich ertrank aber nicht, sondern wurde herausgezogen, und zwar von einer jungen hübschen Nachbarsfrau, die ich bis dahin kaum gekannt hatte, und zu der ich nun in ein schönes Freundschafts- und Neckverhältnis kam, das mich lange Zeit beglückte.

Einmal hatte mein Vater mich für eine Missetat zur Rede zu stellen. Ich redete mich so halb und halb heraus, wieder einmal darunter leidend, daß es so schwer war, sich den Erwachsenen verständlich zu machen. Es gab einige Tränen und eine gelinde Strafe, und zum Schluß schenkte mir der Vater, damit ich die Stunde nicht vergesse, einen hübschen kleinen Taschenkalender. Etwas beschämt und von der Sache nicht befriedigt ging ich weg und ging über die Flußbrücke, plötzlich lief der kleine Mann vor mir, er sprang auf das Brückengeländer und befahl mir durch seine Gebärde, das Geschenk meines Vaters wegzuwerfen, in den Fluß. Ich tat es sofort, Zweifel und Zögern gab es nicht, wenn der Kleine da war, die gab es nur, wenn er fehlte, wenn er ausblieb und mich im Stich ließ. Ich erinnerte mich eines

Tages, da ging ich mit meinen Eltern spazieren, und der kleine Mann erschien, er ging auf der linken Straßenseite, und ich ihm nach, und so oft mein Vater mich zu sich auf die andere Seite hinüber befahl, der Kleine kam nicht mit, beharrlich ging er links, und ich mußte jedesmal sofort wieder zu ihm hinüber. Mein Vater ward der Sache müde und ließ mich schließlich gehen, wo ich mochte, er war gekränkt, und erst später, zu Hause, fragte er mich, warum ich denn durchaus habe ungehorsam sein und auf der andern Straßenseite gehen müssen. In solchen Fällen kam ich sehr in Verlegenheit, ja richtig in Not, denn nichts war unmöglicher, als irgendeinem Menschen ein Wort vom kleinen Mann zu sagen. Nichts wäre verbotener, schlechter, todsündiger gewesen, als den kleinen Mann zu verraten, ihn zu nennen, von ihm zu sprechen. Nicht einmal an ihn denken, nicht einmal ihn rufen oder herbeiwünschen konnte ich. War er da, so war es gut, und man folgte ihm. War er nicht da, so war es, als sei er nie gewesen. Der kleine Mann hatte keinen Namen. Das Unmöglichste auf der Welt aber wäre es gewesen, dem kleinen Mann, wenn er einmal da war, nicht zu folgen. Wohin er ging, dahin ging ich ihm nach, auch ins Wasser, auch ins Feuer. Es war nicht so, daß er mir dies oder jenes befahl oder riet. Nein, er tat einfach dies oder das, und ich tat es nach. Etwas, was er tat, nicht nachzutun, war ebenso unmöglich, wie es meinem Schlagschatten unmöglich wäre, meine Bewegungen nicht mitzumachen. Vielleicht war ich nur der Schatten oder Spiegel des Kleinen, oder er der meine; vielleicht tat ich,

was ich ihm nachzutun meinte, vor ihm, oder zugleich mit
ihm. Nur war er nicht immer da, leider, und wenn er fehlte,
so fehlte auch meinem Tun die Selbstverständlichkeit und
Notwendigkeit, dann konnte alles auch anders sein, dann
gab es für jeden Schritt die Möglichkeit des Tuns oder
Lassens, des Zögerns, der Überlegung. Die guten, frohen
und glücklichen Schritte meines damaligen Lebens sind aber
alle ohne Überlegung geschehen. Das Reich der Freiheit ist
auch das Reich der Täuschungen, vielleicht.

Wie hübsch war meine Freundschaft mit der lustigen Nachbarsfrau, die mich damals aus dem Brunnen gezogen hatte!
Sie war lebhaft, jung und hübsch und dumm, von einer
liebenswerten, fast genialen Dummheit. Sie ließ sich von
mir Räuber- und Zaubergeschichten erzählen, glaubte mir
bald zuviel, bald zuwenig, und hielt mich mindestens für
einen der Weisen aus dem Morgenlande, womit ich gerne
einverstanden war. Sie bewunderte mich sehr. Wenn ich ihr
etwas Lustiges erzählte, lachte sie laut und inbrünstig, noch
lange, ehe sie den Witz begriffen hatte. Ich hielt ihr das vor,
ich fragte sie: »Höre, Frau Anna, wie kannst du über einen
Witz lachen, wenn du ihn noch gar nicht verstanden hast?
Das ist sehr dumm, und es ist außerdem beleidigend für
mich. Entweder verstehst du meine Witze und lachst, oder
du kapierst sie nicht, dann brauchst du aber nicht zu lachen
und zu tun, als hättest du verstanden.« Sie lachte weiter.
»Nein«, rief sie,» du bist schon der gescheiteste Junge, den ich
je gesehen habe, großartig bist du. Du wirst ein Professor
werden oder Minister oder ein Doktor. Das Lachen, weißt

du, daran ist nichts übelzunehmen. Ich lache einfach, weil ich eine Freude an dir habe und weil du der spaßigste Mensch bist, den es gibt. Aber jetzt erkläre mir also deinen Witz!« Ich erklärte ihn umständlich, sie mußte noch dies und jenes fragen, schließlich begriff sie ihn wirklich, und wenn sie vorher herzlich und reichlich gelacht hatte, so lachte sie jetzt erst recht, lachte ganz toll und hinreißend, daß es auch mich ansteckte. Wie haben wir oft miteinander gelacht, wie hat sie mich verwöhnt und bewundert, wie war sie von mir entzückt! Es gab schwierige Sprechübungen, die ich ihr manchmal vorsagen mußte, ganz schnell dreimal nacheinander, zum Beispiel: »Wiener Wäscher waschen weiße Wäsche« oder die Geschichte vom Kottbuser Postkutschkasten. Auch sie mußte es probieren, ich bestand darauf, aber sie lachte schon vorher, keine drei Worte brachte sie richtig heraus, wollte es auch gar nicht, und jeder begonnene Satz verlief in neues Gelächter. Frau Anna ist der vergnügteste Mensch gewesen, den ich gekannt habe. Ich hielt sie, in meiner Knabenklugheit, für namenlos dumm, und am Ende war sie es auch, aber sie ist ein glücklicher Mensch gewesen, und ich neige manchmal dazu, glückliche Menschen für heimliche Weise zu halten, auch wenn sie dumm scheinen. Was ist dümmer und macht unglücklicher als Gescheitheit!

Jahre vergingen, und mein Verkehr mit Frau Anna war schon eingeschlafen, ich war schon ein großer Schulknabe und unterlag schon den Versuchungen, Leiden und Gefahren der Gescheitheit, da brauchte ich sie eines Tages wieder. Und wieder war es der kleine Mann, der mich zu ihr führte. Ich war seit einiger Zeit verzweifelt mit der Frage nach dem Unterschied der Geschlechter und der Entstehung der Kinder beschäftigt, die Frage wurde immer brennender und quälender, und eines Tages schmerzte und brannte sie so sehr, daß ich lieber gar nicht mehr leben wollte, als dies bange Rätsel ungelöst lassen. Wild und verbissen ging ich, von der Schule heimkehrend, über den Marktplatz, den Blick am Boden, unglücklich und finster, da war plötzlich der kleine Mann da! Er war ein seltener Gast geworden, er war mir seit langem untreu, oder ich ihm – nun sah ich ihn plötzlich wieder, klein und flink lief er am Boden vor mir her, nur einen Augenblick sichtbar, und lief ins Haus der Frau Anna hinein. Er war verschwunden, aber schon war ich ihm in dies Haus gefolgt, und schon wußte ich warum, und Frau Anna schrie auf, als ich unerwartet ihr ins Zimmer gelaufen kam, denn sie war eben beim Umkleiden, aber sie ward mich nicht los, und bald wußte ich fast alles, was zu wissen mir damals so bitter notwendig war. Es wäre eine Liebschaft daraus geworden, wenn ich nicht noch allzu jung dafür gewesen wäre.

Diese lustige dumme Frau unterschied sich von den meisten andern Erwachsenen dadurch, daß sie zwar dumm, aber natürlich und selbstverständlich war, immer gegenwärtig, nie verlogen, nie verlegen. Die meisten Erwachsenen waren anders. Es gab Ausnahmen, es gab die Mutter, Inbegriff des Lebendigen, rätselhaft Wirksamen, und den Vater, Inbegriff der Gerechtigkeit und Klugheit, und den Großvater, der kaum mehr ein Mensch war, den Verborgenen, Allseitigen, Lächelnden, Unausschöpflichen. Die allermeisten Erwachsenen aber, obwohl man sie verehren und fürchten mußte, waren sehr tönerne Götter. Wie waren sie komisch mit ihrer ungeschickten Schauspielerei, wenn sie mit Kindern redeten! Wie falsch klang ihr Ton, wie falsch ihr Lächeln! Wie nahmen sie sich wichtig, sich und ihre Verrichtungen und Geschäfte, wie übertrieben ernst hielten sie, wenn man sie über die Gasse gehen sah, ihre Werkzeuge, ihre Mappen, Ihre Bücher unter dem Arm geklemmt, wie warteten sie darauf, erkannt, gegrüßt und verehrt zu werden! Manchmal kamen am Sonntag Leute zu meinen Eltern, um »Besuch zu machen«, Männer mit Zylinderhüten in ungeschickten Händen, die in steifen Glacéhandschuhen staken, wichtige, würdevolle, vor lauter Würde verlegene Männer, Anwälte und Amtsrichter, Pfarrer und Lehrer. Direktoren und Inspektoren, mit ihren etwas ängstlichen, etwas unterdrückten Frauen. Sie saßen steif auf den Stühlen, zu allem mußte man sie nötigen, bei allem ihnen behilflich sein, beim Ablegen, beim Eintreten, beim Niedersitzen, beim Fragen und Antworten, beim Fortgehen. Diese kleinbürgerliche Welt nicht so ernst zu nehmen, wie sie verlangte, war mir leichtgemacht, da meine Eltern ihr nicht angehörten und sie selber komisch fanden. Aber auch wenn sie nicht Theater spielten, Handschuhe trugen und Visiten machten, waren die meisten Erwachsenen mir reichlich seltsam und lächerlich. Wie taten sie wichtig mit ihrer Arbeit, mit ihren Handwerken und Ämtern, wie groß und heilig kamen sie sich vor! Wenn ein Fuhrmann, Polizist oder Pflasterer die Straße versperrte, das war eine heilige Sache, da war es selbstverständlich, daß man auswich und Platz machte oder gar mithalf. Aber Kinder mit ihren Arbeiten und Spielen, die waren nicht wichtig, die wurden beiseitegeschoben und angebrüllt. Taten sie denn weniger Richtiges, weniger Gutes, weniger Wichtiges als die Großen? O nein, im Gegenteil, aber die Großen waren eben mächtig, sie befahlen, sie regierten. Dabei hatten sie, genau wie wir Kinder, ihre Spiele, sie spielten Feuerwehrübung, spielten Soldaten, sie gingen in Vereine und Wirtshäuser, aber alles mit jener Miene von Wichtigkeit und Gültigkeit, als müsse das alles so sein und gäbe es nichts Schöneres und Heiligeres. Gescheite Leute waren unter ihnen, zugegeben, auch unter den Lehrern. Aber war nicht das eine schon merkwürdig und verdächtig, daß unter allen diesen »großen« Leuten, welche doch alle vor einiger Zeit selbst Kinder gewesen waren, so sehr wenige sich fanden, die es nicht vollkommen vergessen und verlernt hatten, was ein Kind ist, wie es lebt, arbeitet, spielt, denkt, was ihm lieb und leid ist? Wenige, sehr wenige, die das noch wußten! Es gab nicht nur Tyrannen und Grobiane, die gegen Kinder böse und häßlich waren, sie überall wegjagten, sie scheel und haßvoll ansahen, ja manchmal anscheinend etwas wie Furcht vor ihnen hatten. Nein, auch die andern, die es gut meinten, die gern zuweilen zu einem Gespräch mit Kindern sich herabließen, auch sie wußten meistens nicht mehr, worauf es ankam, auch sie mußten fast alle sich mühsam und verlegen zu

Kindern herunterschrauben, wenn sie sich mit uns einlassen wollten, aber nicht zu richtigen Kindern, sondern zu erfundenen, dummen Karikaturkindern.

Alle diese Erwachsenen, fast alle, lebten in einer andern Welt, atmeten eine andere Art von Luft als wir Kinder. Sie waren häufig nicht klüger als wir, sehr oft hatten sie nichts vor uns voraus als jene geheimnisvolle Macht. Sie waren stärker, ja, sie konnten uns, wenn wir nicht freiwillig gehorchten, zwingen und prügeln. War das aber eine echte Überlegenheit? War nicht jeder Ochs und Elefant viel stärker als so ein Erwachsener? Aber sie hatten die Macht, sie befahlen, ihre Welt und Mode galt als die richtige. Dennoch, und das war mir ganz besonders merkwürdig und einige Male beinah grauenhaft – dennoch gab es viele Erwachsene, die uns Kinder zu beneiden schienen. Manchmal konnten sie es ganz naiv und offen aussprechen und etwa mit einem Seufzer sagen:»Ja, ihr Kinder habet es noch gut!« Wenn·das nicht gelogen war – und es war nicht gelogen, das spürte ich zuweilen bei solchen Aussprüchen –, dann waren also die Erwachsenen, die Mächtigen, die Würdigen und Befehlenden gar nicht glücklicher als wir, die wir gehorchen und ihnen Hochachtung erweisen mußten. In einem Musikalbum, aus dem ich lernte, stand auch richtig ein Lied mit dem erstaunlichen Kehrreim:»O selig, o selig, ein Kind noch zu sein!« Dies war ein Geheimnis. Es gab etwas, was wir Kinder besaßen und was den Großen fehlte, sie waren nicht bloß größer und stärker, sie waren in irgendeinem Betracht auch ärmer als wir! Und sie, die wir oft um ihre lange Gestalt, ihre Würde, ihre anscheinende Freiheit und Selbstverständlichkeit, um ihre Bärte und langen Hosen beneideten, sie beneideten zuzeiten, sogar in Liedern, die sie sangen, uns Kleine!

Nun, einstweilen war ich trotz allem glücklich. Es gab vieles in der Welt, was ich gern anders gesehen hätte, und gar in der Schule; aber ich war dennoch glücklich. Es wurde mir zwar von vielen Seiten versichert und eingebläut, daß der Mensch nicht bloß zu seiner Lust auf Erden wandle und daß wahres Glück erst jenseits den Geprüften und Bewährten zuteil werde, es ging dies aus vielen Sprüchen und Versen hervor, die ich lernte und die mir oft sehr schön und rührend erschienen. Allein diese Dinge, welche auch meinem Vater viel zu schaffen machten, brannten mich nicht sehr, und wenn es mir einmal schlecht ging, wenn ich krank war oder unerfüllte Wünsche hatte, oder Streit und Trotz mit den Eltern, dann flüchtete ich selten zu Gott, sondern hatte andere Schleichwege, die mich wieder ins Helle führten. Wenn die gewöhnlichen Spiele versagten, wenn Eisenbahn, Kaufladen und Märchenbuch verbraucht und langweilig waren, dann fielen mir oft gerade die schönsten neuen Spiele ein. Und wenn es nichts anderes war, als daß ich abends im Bett die Augen schloß und mich in den märchenhaften Anblick der vor mir erscheinenden Farbenkreise verlor – wie zuckte da Beglückung und Geheimnis aufs neue auf, wie ahnungsvoll und vielversprechend wurde die Welt!

Die ersten Schuljahre gingen hin, ohne mich sehr zu verändern. Ich machte die Erfahrung, daß Vertrauen und Aufrichtigkeit uns zu Schaden bringen kann, ich lernte unter einigen gleichgültigen Lehrern das Notwendigste im Lügen und Sichverstellen; von da an kam ich durch. Langsam aber welkte auch mir die erste Blüte hin, langsam lernte auch ich, ohne es zu ahnen, jenes falsche Lied des Lebens, jenes Sichbeugen unter die »Wirklichkeit«, unter die Gesetze der Erwachsenen, jene Anpassung an die Welt, »wie sie nun einmal ist«. Ich weiß seit langem, warum in den Liederbüchern der Erwachsenen solche Verse stehen wie der: »O selig, ein Kind noch zu sein«, und auch für mich gab es viele Stunden, in welchen ich die beneidete, die noch Kinder sind. Als es sich, in meinem zwölften Jahre, darum handelte, ob ich Griechisch lernen solle, sagte ich ohne weiteres ja, denn mit der Zeit so gelehrt zu werden wie mein Vater, und womöglich wie mein Großvater, schien mir unerläßlich. Aber von diesem Tage an war ein Lebensplan für mich da; ich sollte studieren und entweder Pfarrer oder Philologe werden, denn dafür gab es Stipendien. Auch der Großvater war einst diesen Weg gegangen.

Scheinbar war dies ja nichts Schlimmes. Nur hatte ich jetzt auf einmal eine Zukunft, nur stand jetzt ein Wegweiser an meinem Wege, nur führte mich jetzt jeder Tag und jeder Monat dem angeschriebenen Ziele näher, alles wies dorthin, alles führte weg, weg von der Spielerei und Gegenwärtigkeit meiner bisherigen Tage, die nicht ohne Sinn, aber ohne Ziel, ohne Zukunft gewesen waren. Das Leben der Erwachsenen hatte mich eingefangen, an einer Haarlocke erst oder an einem Finger, aber bald würde es mich ganz gefangen haben und festhalten, das Leben nach Zielen, nach Zahlen, das Leben der Ordnung und der Ämter, des Berufs und der Prüfungen; bald würde auch mir die Stunde schlagen, bald würde auch ich Student, Kandidat, Geistlicher, Professor sein, würde Besuche mit einem Zylinderhut machen, lederne Handschuhe dazu tragen, die Kinder nicht mehr verstehen, sie vielleicht beneiden. Und ich wollte ja doch in meinem Herzen dies alles nicht, ich wollte nicht fort aus meiner Welt, wo es gut und köstlich war. Ein ganz heimliches Ziel allerdings gab es für mich, wenn ich an die Zukunft dachte. Eines wünschte ich mir sehnlich, nämlich ein Zauberer zu werden.

Der Wunsch und Traum blieb mir lange treu. Aber er begann an Allmacht zu verlieren, er hatte Feinde, es stand ihm anderes entgegen, Wirkliches, Ernsthaftes, nicht zu Leugnendes. Langsam, langsam welkte die Blüte hin, langsam kam mir aus dem Unbegrenzten etwas Begrenztes entgegen, die wirkliche Welt, die Welt der Erwachsenen. Langsam wurde mein Wunsch, ein Zauberer zu werden, obwohl ich ihn noch sehnlich weiterwünschte, vor mir selber wertloser, wurde vor mir selber zur Kinderei. Schon gab es etwas, worin ich nicht mehr Kind war. Schon war die unendliche, tausendfältige Welt des Möglichen mir begrenzt, in Felder geteilt, von Zäunen durchschnitten. Langsam verwandelte sich der Urwald meiner Tage, es erstarrte das Paradies um mich her. Ich blieb nicht, was ich war, Prinz und König im Land des Möglichen, ich wurde nicht Zauberer, ich lernte Griechisch, in zwei Jahren würde Hebräisch hinzukommen, in sechs Jahren würde ich Student sein.

Unmerklich vollzog sich die Einschnürung, unmerklich verrauschte ringsum die Magie. Die wunderbare Geschichte im Großvaterbuch war noch immer schön, aber sie stand auf einer Seite, deren Zahl ich wußte, und da stand sie heute und morgen und zu jeder Stunde, es gab keine Wunder mehr. Gleichmütig lächelte der tanzende Gott aus Indien, und war aus Bronze, selten sah ich ihn mehr an, nie mehr sah ich ihn schielen. Und – das Schlimmste – seltener und seltener sah ich den Grauen, den kleinen Mann. Überall war ich von Entzauberung umgeben, vieles wurde eng, was einst weit, vieles wurde ärmlich, was einst kostbar gewesen war.

Doch spürte ich das nur im verborgenen, unter der Haut, noch war ich fröhlich und herrschsüchtig, lernte schwimmen und Schlittschuh laufen, ich war der Erste im Griechischen, alles ging scheinbar vortrefflich. Nur hatte alles eine etwas blassere Farbe, einen etwas leereren Klang, nur war es mir langweilig geworden, zur Frau Anna zu gehen, nur ging ganz sachte aus allem, was ich lebte, etwas verloren, etwas nicht Bemerktes, nicht Vermißtes, das aber doch weg war und fehlte. Und wenn ich jetzt einmal wieder mich selber ganz und glühend fühlen wollte, dann bedurfte ich stärkerer Reize dazu, mußte mich rütteln und einen Anlauf nehmen. Ich gewann Geschmack an stark gewürzten Speisen, ich naschte häufig, ich stahl zuweilen Groschen, um mir irgendeine besondere Lust zu gönnen, weil es sonst nicht lebendig und schön genug war. Auch begannen die Mädchen mich anzuziehen; es war kurz nach der Zeit, da der kleine Mann noch einmal erschienen und mich noch einmal zu Frau Anna geführt hatte.

Nachbemerkung

Es gibt ein Kriterium in der Kunst, das sich nie ganz decken läßt von politischen, von soziologischen Erwägungen, das ist ihr Anspruch auf Eigenständigkeit in einer Welt der Phantasie. Nun können wir sagen, daß auch diese geprägt ist vom gesellschaftlichen Zustand, in dem wir uns befinden. Von meinem Erfahrungsbereich aus aber kann ich nur feststellen, daß Hesses Werke, die mit meiner heutigen Wirklichkeit nur noch wenig zu tun haben, in mir ihre ganze Frische bewahren. Ebensowenig, wie ich meinen eignen Entwicklungsgang verleugnen oder verändern könnte, lassen sich die künstlerischen Stationen abweisen, an die ich geriet, und eine ihrer wesentlichen ist mit dem Namen Hesse verbunden. Beim Wiederlesen seiner Bücher fällt mir nur selten die Entfernung von den ersten, frühen Eindrücken auf, vielmehr konfrontiere ich mich direkt, manchmal mit Erstaunen und Überraschung, mit einem ursprünglichen Traummaterial. Ob es der Steppenwolf oder der Narziß und Goldmund ist, die Nürnberger Reise oder die Morgenlandfahrt, immer tritt mir etwas von meinen eignen Irrgängen entgegen, aus denen sich meine künstlerische Arbeit heranbildete. Unausgeglichenheiten, Gebundenheiten an ein Milieu der Herkunft, Anstrengungen, sich zu befreien, zu sich selbst zu finden, Weltflucht und schmerzhafte Auseinandersetzung mit Lebenskonflikten, dies alles aktualisiert sich bei der Lektüre. Als ich mich im Januar 1937, als Zwanzigjähriger, an Hesse wandte, und ihm einige meiner Manuskripte und Zeichnungen schickte, mit der Bitte um Beurteilung, lebte ich in Warnsdorf, in Böhmen, in der totalen

›In der Casa Camuzzi‹, 1937, Federzeichnung von Peter Weiss

Isolierung der Emigration. Seine baldige Antwort, das Zeichen seiner Wertschätzung, gab mir Mut zur Weiterarbeit. Er war der erste Mensch, der mich in meiner Tätigkeit ernst nahm und auf meine Problematik einging. Ich verdanke es ihm, daß ich die Kraft aufbrachte, nach Prag zu fahren und der Kunstakademie meine Malereien vorzulegen. Ich wurde dort als Schüler aufgenommen.

Im Sommer 1937 besuchte ich Hesse in Montagnola, wohnte in seiner unmittelbaren Nähe, in der Casa Camuzzi, in der er selbst viele Jahre lang gehaust hatte. Ich lebte damals mit dem Klingsor. Durch die runden Fenster meines Dachbodens blickte ich über den tief abfallenden Garten, die Landschaft, die Hesse beschrieben hatte. Die Identifizierung mit seiner Dichtung und Bilderwelt war stark, währte auch im folgenden Jahr noch an, als ich mich aufs neue zur Collina d'oro aufmachte, diesmal mit dem produktiven Jahr an der Akademie hinter mir. Ich siedelte mich in Carabietta an, einem Dorf am westlichen Berghang unterhalb Montagnolas, am Ufer des Seearms, der hinauf nach Agno führt, wohnte im Haus der Madame Jacques, in einem riesigen Zimmer mit fünf gewölbten Fenstern.

Die Besetzung Österreichs im Frühjahr hatte meinen Aufenthalt in Prag bereits unsicher gemacht, die faschistische Hetze gegen die Tschechoslowakei nahm ständig zu, und ich richtete mich darauf ein, eine längere Zeit in der Schweiz zu bleiben. Ich konnte hier und da ein Bild, eine Zeichnung verkaufen, lebte billig in meinem Dorf, und sammelte, als der Herbst kam, in den Kastanienwäldern, die damals noch wild und unbebaut waren, Reisig für das Kaminfeuer.

Der Zwiespalt, in dem ich mich befand, geht daraus hervor, daß ich mich an die von Hesse bestellte Illustrationsarbeit machte, als eben die deutschen Truppen in Böhmen einmarschierten. Am 29. September, dem Tag der Münchner Kapitulation, war ich bei Hesse oben in Montagnola gewesen, voller Schrecken über den Verbleib meiner Familie, die aus Warnsdorf geflüchtet war. In meiner Unruhe saß ich dann über den beiden Erzählungen »Kindheit des Zauberers« und »Anton Schievelbeyn«, die Hesse mir gegeben hatte. Von mir ausgestattet, sollten die Manuskripte als Geschenk für Hesses Freunde verwendet werden. Als Honorar waren mir je 100 Franken zugesagt – für mich damals ein hoher Betrag. Nachdem ich ein Telegramm von meinen Eltern erhalten hatte, daß sie vorläufig in Sicherheit waren, schickte ich am 16. Oktober zu Hesse die Mitteilung hinauf, daß ich die Texte mit der Hand abschreiben würde, »denn so ist mehr der Charakter der eigenen Aufzeichnung da. Das Satzbild dann von kleinen Federzeichnungen durchwoben, die leicht angetönt werden, manche davon nur schwarz-weiß, einige aber auch sehr farbig. Dazu Kopfleisten, Initialen und allerlei Verzierungen, wie sie gerade angebracht erscheinen.«

Ich schickte ihm dazu ein Muster des gelblichen Ingres-Papiers, das ich da hatte. Die Größe jeder Seite sollte 15 × 24 cm sein. Immer wieder, während des Schreibens und Zeichnens, dachte ich auch an meine Bilder, die in der Prager Kunstakademie verwahrt waren. Es war zweifelhaft, ob ich sie je wiedersehn würde, denn nun schien es nicht mehr möglich, nach Prag zurückzukehren. So saß ich über der kalligraphischen Arbeit, manchmal in mönchischer Versunkenheit, dann wieder aufgescheucht von den Ereignissen, die den Zweiten Weltkrieg vorbereiteten. Das Kastalien Hesses, in dem auch ich eine Zuflucht gesucht hatte, brach auf unterm Druck der andern Wirklichkeit, die mich bald aufnehmen würde. Im Januar 1939 verließ ich, nachdem ich auch die Abschrift des Schievelbeyn beendet hatte, Carabietta, und reiste nach Schweden, wo meine Eltern inzwischen ansässig geworden waren.

Der Gegensatz aber zwischen Hesses sublimierter Dichtung und den Notzeiten, die sie umgaben, hat sich inzwischen ausgeglichen, alles ist eingegangen in eine unteilbare innre Realität.   *Peter Weiss*

Hermann Hesse
im Suhrkamp Verlag und
im Insel Verlag

Eine Auswahl

Gesammelte Schriften in sieben Bänden. Leinen und Leder
Band I: Frühe Prosa. Peter Camenzind. Unterm Rad. Diesseits
           Bernold
Band II: Gertrud. Kleine Welt. Roßhalde. Fabulierbuch
Band III: Knulp. Demian. Märchen. Wanderung. Klingsor. Sid-
           dhartha. Bilderbuch
Band IV: Kurgast. Die Nürnberger Reise. Der Steppenwolf.
           Traumfährte. Gedenkblätter. Späte Prosa
Band V: Narziß und Goldmund. Stunden im Garten. Der lahme
           Knabe. Die Gedichte
Band VI: Die Morgenlandfahrt. Das Glasperlenspiel
Band VII: Betrachtungen. Briefe. Rundbriefe. Tagebuchblätter
Werkausgabe. Zwölf Bände. Leinenkaschur
Gesammelte Briefe in vier Bänden. Unter Mitwirkung von Heiner
   Hesse herausgegeben von Ursula und Volker Michels. Leinen
Die Romane und die Großen Erzählungen. Jubiläumsausgabe zum
   hundersten Geburtstag von Hermann Hesse. Acht Bände in
   Schmuckkassette
Gesammelte Erzählungen. Geschenkausgabe in sechs Bänden
Hermann Hesse Lesebücher. Zusammengestellt von Volker Michels:
– Jedem Anfang wohnt ein Zauber inne. Lebensstufen
– Eigensinn macht Spaß. Individuation und Anpassung
– Wer lieben kann, ist glücklich. Über die Liebe
– Die Hölle ist überwindbar. Krisis und Wandlung
– Das Stumme spricht. Herkunft und Heimat. Natur und Kunst
– Die Einheit hinter den Gegensätzen. Religionen und Mythen

Einzelausgaben:
– Aus Indien. Erinnerungen, Erzählungen, Tagebuchaufzeichnungen.
  Herausgegeben von Volker Michels. st 562
– Aus Kinderzeiten. Gesammelte Erzählungen. Band I 1900–1905.
  st 347
– Ausgewählte Briefe. Zusammengestellt von Hermann Hesse und
  Ninon Hesse. st 211
– Berthold. Erzählung. st 1198
– Briefwechsel:
– – Hermann Hesse – Rudolf Jakob Humm. Briefwechsel. Herausge-
    geben von Ursula und Volker Michels. Leinen

Hermann Hesse
im Suhrkamp Verlag und
im Insel Verlag

Eine Auswahl

– – Hermann Hesse – Thomas Mann. Briefwechsel. Herausgegeben
  von Anni Carlsson. Leinen und BS 441
– – Hermann Hesse – Peter Suhrkamp. Briefwechsel 1945-1959.
  Herausgegeben von Siegfried Unseld. Leinen
– Casanovas Bekehrung. Erzählung. st 1196
– Das Glasperlenspiel. st 79
– Demian. Die Geschichte von E. Sinclairs Jugend. BS 95 und st 206
– Der Europäer. Gesammelte Erzählungen Band 3. st 384
– Der Lateinschüler. Erzählung. st 1193
– Der Steppenwolf. Roman. BS 226 und st 175
– Der Weltverbesserer. Erzählung. st 1197
– Die Erzählungen. SA. Leinen 2 Bde. in Kassette
– Die Gedichte 1892-1962. Herausgegeben von Volker Michels. 2
  Bde. st 381
– Die Heimkehr. Erzählung. st 1201
– Die Märchen. st 291
– Die Morgenlandfahrt. Erzählung. BS 1 und st 750
– Die Verlobung. Gesammelte Erzählungen Band 2. st 368
– Eigensinn. Autobiographische Schriften. Auswahl und Nachwort
  Siegfried Unseld. BS 353
– Emil Kolb. Erzählung. st 1202
– Freunde. Erzählung. st 1284
– Gertrud. Roman. st 890
– Heumond. Erzählung. st 1194
– Innen und Außen. Gesammelte Erzählungen Band 4. st 413
– Italien. Schilderungen, Tagebücher, Gedichte, Aufsätze, Buchbe-
  sprechungen und Erzählungen. st 689
– Karl Eugen Eiselein. Erzählung. st 1192
– Kinderseele. Erzählung. st 1203
– Kindheit und Jugend vor Neunzehnhundert. Hermann Hesse in
  Briefen und Lebenszeugnissen 1877-1895. Herausgegeben von Ni-
  non Hesse. Leinen und st 1002
– Kindheit und Jugend vor Neunzehnhundert. Zweiter Band. Her-
  mann Hesse in Briefen und Lebenszeugnissen 1895-1900. Heraus-
  geben von Volker Michels. Leinen
– Klein und Wagner. st 116
– Klingsors letzter Sommer. Erzählungen. Mit einem farbigen Fronti-
  spiz. BS 608

Hermann Hesse
im Suhrkamp Verlag und
im Insel Verlag

Eine Auswahl

- Knulp. Drei Geschichten aus dem Leben Knulps. BS 75
- Ladidel. Erzählung. st 1200
- Lektüre für Minuten. Auswahl Volker Michels. st 7
- Lektüre für Minuten 2. Neue Folge. st 240
- Mein Glaube. Eine Dokumentation: Betrachtungen, Briefe, Rezensionen und Gedichte. Herausgegeben von Siegfried Unseld. BS 300
- Musik. Betrachtungen, Gedichte, Rezensionen und Briefe. Mit einem Essay von Hermann Kassack. BS 483 und st 1217
- Narziß und Goldmund. BS 65 und st 274
- Peter Camenzind. Erzählung. st 161
- Roßhalde. Roman. st 312
- Siddhartha. Eine indische Dichtung. BS 227 und st 182
- Sinclairs Notizbuch. Mit vier farbig reproduzierten aquarellierten Federzeichnungen des Verfassers. BS 839
- Stufen. Ausgewählte Gedichte. BS 342
- Unterm Rad. Erzählung. st 52 und BS 776
- Walter Kömpff. Erzählung. st 1199

Mit Hermann Hesse durch das Jahr. Mit Reproduktionen von 13 aquarellierten Federzeichnungen von Hermann Hesse.

Materialien zu Hesses Werk. Herausgegeben von Volker Michels:
- Band 1. Zu ›Siddhartha‹. stm. st 2048
- Band 2. Texte über Siddhartha. stm. st 2049
Hermann Hesse. Rezeption 1978-1983. Herausgegeben von Volker Michels. stm. st 2045
Hermann Hesse. Sein Leben in Bildern und Texten. Herausgegeben von Volker Michels. Gestalt von Willy Fleckhaus. Mit Anmerkungen, Namenregister, Zitat- und Bildnachweis. Vorwort von Hans Mayer. Leinen
Hermann Hesse – Leben und Werk im Bild. Herausgegeben von Volker Michels. it 36
Hermann Hesse – Werk- und Wirkungsgeschichte. Von Siegfried Unseld. Revidierte Fassung. st 1257

Sagen, Märchen, Anthologien
insel taschenbuch

Als der Großvater die Großmutter nahm. Ein Liederbuch für altmodische Leute. Hrsg. von G. Wustmann. it 903

Alt-Berliner Humor. Anekdoten und Karikaturen. Hrsg. von O. Drude. it 897

Alt-Kräuterbüchlein. Nach dem ‹New-Kreuterbüchlein› von Leonhart Fuchs. Hrsg. von A. v. Bernus. it 456

Alte und neue Lieder. Mit Bildern und Weisen. Hrsg. von J. Bolte u.a. Mit Illustrationen. it 59

An den Mond. Gedichte, Geschichten. Ausgewählt von E. Borchers. it 956

Hans Christian Andersen: Märchen. 3 Bde. it 133

– Märchen meines Lebens ohne Dichtung. Eine Skizze. Mit Porträts des Dichters. Deutsch von M. Birkenbihl. it 356

Apuleius: Der goldene Esel. Aus dem Lateinischen von A. Schaeffer. Mit Illustrationen von M. Klinger. it 146

Arm und reich. Geschichten und Gedichte, ausgewählt von R. Borchers. it 1031

Emmy Ball-Hennings: Märchen am Kamin. it 945

Ludwig Bechstein: Hexengeschichten. it 865

Besuch bei Toten. Ein imaginärer Friedhof. Angelegt von P. Maigler. it 871

Blätter aus Prevorst. Eine Auswahl von Berichten über Magnetismus, Hellsehen, Geistererscheinungen aus dem Kreise Justinus Kerners. Hrsg. von H. Hesse. it 1019

Elisabeth Borchers: Das Adventbuch. it 449

Born Judas. Legenden, Märchen und Erzählungen. Gesammelt von Micha Josef bin Gorion. it 529

Das Brunnenbuch. Hrsg. von H.-J. Simm. it 933

Das Buch der Liebe. Gedichte und Lieder, ausgewählt von E. Borchers. it 82

Egon Caesar Conte Corti: Geschichte des Rauchens. it 904

Deutsche Criminalgeschichten. Schiller, Kleist, E. T. A. Hoffmann, Annette von Droste-Hülshoff. it 773

Deutsche Fabeln und Lieder. Hrsg. von I. Sommer. Mit Stichen von D. Chodowiecki. it 208

Deutsche Heldensagen. Nacherzählt von G. u. W. Hecht. it 345

Deutsche Künstlernovellen des 19. Jahrhunderts. Hrsg. von J. Schmidt. it 656

Deutsche Sagen. Hrsg. von den Brüdern Grimm. Mit Illustrationen von O. Ubbelohde. 2 Bde. it 861

Charles A. Eastman: Indianergeschichten aus alter Zeit. Deutsch von E. Friedrichs. it 861

Sagen, Märchen, Anthologien
insel taschenbuch

Die Eisenbahn. Gedichte, Prosa, Bilder. Hrsg. von W. Minaty. it 676

Erzählungen aus Tausendundein Tag. Hrsg. von P. Ernst. 2 Bde. it 1001

Eskimomärchen. Hrsg. von P. Sock. it 795

Jakob Flach: Minestra. Kulinarische Streifzüge. Mit Illustrationen von P. Rüfenacht. it 552

Frauenbriefe der Romantik. Ausgewählt von K. Behrens. it 545

Das Frühlingsbuch. Gedichte und Prosa. Hrsg. von H. Bender und N. Wolters. it 914

Manuel Gassers Kräutergarten. it 377

Geschichten aus dem Talmud. Hrsg. und übertragen von E. bin Gorion. it 860

Geschichten vom Buch. Eine Sammlung von K. Schöffling. it 722

Griechisches Lesebuch. Hrsg. von H. Flashar. it 995

Kinder- und Hausmärchen, gesammelt durch die Brüder Grimm. Mit Zeichungen von O. Ubbelohde. 3 Bde. it 829

Kinder- und Hausmärchen, gesammelt durch die Brüder Grimm. Kleine Ausgabe von 1858. it 842

Die großen Detektive. Hrsg. von W. Berthel. 2 Bde. it 101/368

R. Habs/L. Rosner: Appetit-Lexikon. Ein alphabetisches Hand- und Nachschlagebuch. it 651

Wilhelm Hauff: Märchen. Mit Illustrationen. 2 Bde. it 216/217

– Mitteilungen aus den Memoiren des Satans. it 782

Das Herbstbuch. Gedichte und Prosa. Hrsg. von H. Bender. it 657

Das Hundebuch. Geschichten, Gedichte und Bilder von Herren und ihren Hunden. Gesammelt von G. Honnefelder. it 785

Indianermärchen. Nach amerikanischen und deutschen Quellen hrsg. von H. Kunike. it 764

Die Insel. Monatsschrift mit Buchschmuck und Illustrationen. Faksimileausgabe in zwölf Bänden. it 578

Irische Elfenmärchen. In der Übertragung der Brüder Grimm. it 988

Das kalte Herz. Und andere Texte der Romantik. Mit einem Essay von M. Frank. it 330

Das Katzenbuch. Von Katzen und ihren Freunden. Geschichten, Gedichte, Bilder. Gesammelt von H. Bender und H. G. Schwark. it 567

Kennst du das Land, wo die Zitronen blühen. Italien im deutschen Gedicht. Hrsg. von P. Hamm. it 927

Klagen über Dienstboten. Von Dagmar Müller-Staats. it 683

Sagen, Märchen, Anthologien
insel taschenbuch

Kleine illustrierte Insel-Bibliothek. 17 Bücher für junge Leser. Inhalt: Aladin und die Wunderlampe. Ali Baba und die vierzig Räuber. Alice im Wunderland. Till Eulenspiegel. Das Gespenst von Canterville. Gullivers Reisen. Der letzte Mohikaner. Münchhausen. Oliver Twist. Onkel Toms Hütte. Robinson Crusoe. Die Schatzinsel. Peter Schlemihl. Sindbad der Seefahrer. Taugenichts. Tom Sawyer. Werther. Kassette. it 790

Adolph von Knigge. Über den Umgang mit Menschen. it 273

Lesebuch der Jahrhundertwende. Ausgewählt von K. Schöffling. it 997

Das Lesebuch für Kinder. Ausgewählt von E. Borchers. it 999

Liebe und Tod in Wien. Geschichten, gesammelt von J. Gyory. it 815

Liebe Mutter. Eine Sammlung von E. Borchers. it 230

Lieber Vater. Eine Sammlung von G. Honnefelder. it 231

Liebesgeschichten. Ausgewählt von E. Borchers. it 789

Lieder deutscher Dichter. Eine Auswahl klassischer deutscher Lyrik. Hrsg. von H. Hesse. it 828

Das Märchenbuch. Eine Sammlung. Hrsg. von C. Schmölders. it 998

Märchen der Romantik. Hrsg. von M. Dessauer. 2 Bde. it 285

Das Moritatenbuch. Hrsg. von K. Riha. it 559

Johann Karl August Musäus: Rübezahl. Für die Jugend von Christian Morgenstern. Mit Illustrationen von M. Slevogt. it 73

Der neue Pitaval. Eine Sammlung der interessantesten Kriminalgeschichten. Hrsg. von J. E. Hitzig und W. Härig. it 819

Neuester Orbis Pictus oder die Welt in Bildern für fromme Kinder. it 9

Das Papageienbuch. Tuti-Nameh. Eine Sammlung orientalischer Erzählungen. Deutsch von G. Rosen. it 424

Das Poesiealbum: Verse zum Auf- und Abschreiben. Mit Bildern und Vignetten. Zusammengestellt von E. Borchers. it 414

Henrik Pontoppidan. Hans im Glück. 2 Bde. it 569

Römisches Lesebuch. Hrsg. von M. Fuhrmann. it 996

Sagen der Juden zur Bibel. Aus dem Hebräischen von Rahel bin Gorion. it 420

Wolfgang Schadewaldt: Sternsagen. Mit Illustrationen. it 234

Schwestern berühmter Männer. Zwölf biographische Portraits. Hrsg. von L. F. Pusch. it 796

Ewald Gerhard Seeliger: Handbuch des Schwindels. it 919

Das sehr nützliche Merk-Buch für Geburtstage. Zusammengetragen von E. Borchers. it 155

Skaldensagen. Aus dem Altisländischen übertragen von F. Seewald. it 576

Sagen, Märchen, Anthologien
insel taschenbuch

Das Sommerbuch. Gedichte und Prosa. Hrsg. von H. Bender. it 847

Spuk- und Hexengeschichten. Aus dem »Rheinischen Antiquarius« hrsg. von H. Hesse. it 908

Über die Liebe. Gedichte und Interpretationen aus der ›Frankfurter Anthologie‹. Hrsg. von M. Reich-Ranicki. it 794

Urgroßmutters Kochbuch. Aus dem Kochbuch der Frau Rath Schlosser. Hrsg. von A. v. Bernus. it 457

Vom Abschied. Eine Gedichtsammlung. Hrsg. von M. Litten. it 694

Weihnachten. Erzählungen, Lieder und Bilder aus alter und neuer Zeit. Ausgewählt von G. Natalis. it 946

Das Weihnachtsbuch. Mit alten und neuen Gedichten und Liedern. Ausgewählt von E. Borchers. it 46

Das Weihnachtsbuch für Kinder. Mit Geschichten, Versen und Bildern. Ausgewählt von E. Borchers. it 156

Das Weihnachtsbuch der Lieder. Ausgewählt von G. Natalis. it 157

Das Winterbuch. Gedichte und Prosa. Hrsg. von H. Bender. it 728

Kunst, Musik, Leben und Werk
insel taschenbuch

Lou Andreas-Salomé. Leben. Persönlichkeit. Werk. Eine Biographie von Cordula Koepcke. it 905

Aus der Kunst des polnischen Volkes. Herausgegeben von Willy Fleckhaus. Mit zahlreichen Fotografien. it 448

Johann Sebastian Bach. Leben und Werk in Daten und Bildern. Herausgegeben von Klaus Peter Richter. it 788

Johann Sebastian Bach. Eine Lebensgeschichte von Charles Sanford Terry. Deutsch von Alice Klengel. it 802

Ernst Batta: Obelisken. Ägyptische Obelisken und ihre Geschichte in Rom. Mit zahlreichen Abbildungen. it 765

Alban Berg. Leben und Werk in Daten und Bildern. Herausgegeben von Erich Alban Berg. it 194

Besuche im Städel. Betrachtungen zu Bildern. Herausgegeben von Klaus Gallwitz. Mit biographischen Notizen von Dolf Sternberger. it 939

Heinrich Bornkamm: Das Jahrhundert der Reformation. Gestalten und Kräfte. it 713

Bertolt Brecht. Leben und Werk im Bild. Mit autobiographischen Texten, einer Zeittafel und einem Essay von Lion Feuchtwanger. it 406

Jean Anthèlme Brillat-Savarin: Physiologie des Geschmacks oder Betrachtungen über das höhere Tafelvergnügen. it 423

Die Schwestern Brontë. Leben und Werk in Texten und Bildern. Herausgegeben von Elsemarie Maletzke und Christel Schütz. it 814

Hans Carossa. Leben und Werk im Bild. Herausgegeben von Eva Kampmann-Carossa. it 348

Caspar David Friedrich: Auge und Landschaft. Zeugnisse in Bild und Wort, interpretiert von Gerhard Eimer. it 62

Goethes Gedanken über Musik. Eine Sammlung aus seinen Werken, Briefen, Gesprächen und Tagebüchern. Herausgegeben von Hedwig Walwei-Wiegelmann. it 800

Van Gogh in seinen Briefen. Herausgegeben und mit einem Nachwort versehen von Paul Nizon. Mit Abbildungen. it 177

Heinrich Heine. Leben und Werk in Daten und Bildern. Von Joseph A. Kruse. it 615

Hermann Hesse. Leben und Werk im Bild. Herausgegeben von Volker Michels. it 36

Ödön von Horváth. Leben und Werk in Daten und Bildern. Herausgegeben von Traugott Krischke und Hans F. Prokop. it 237

Christoph Wilhelm Hufeland: Makrobiotik oder Die Kunst, das menschliche Leben zu verlängern. Mit einem Brief Immanuel Kants sowie einem Nachwort von Rolf Brück. it 770

Kunst, Musik, Leben und Werk
insel taschenbuch

Max Imdahl: Picassos Guernica. Eine Kunst-Monographie. Mit Abbildungen. it 806

Erhart Kästner. Leben und Werk in Daten und Bildern. Herausgegeben von Anita und Reingart Kästner. it 386

Harald Keller: Die Kunstlandschaften Italiens. Mit 188 Abbildungen. 2 Bde. it 627

Heinrich von Kleist. Leben und Werk im Bild. Herausgegeben von Eberhard Seibert. it 371

Gertrud von le Fort. Leben und Werk in Daten, Bildern und Zeugnissen. Herausgegeben von Gisbert Kranz. it 195

Claude Lévi-Strauss: Der Weg der Masken. Deutsch von Eva Moldenhauer. Mit farbigen Illustrationen. it 288

Peter Ludwig. Sammler. Von Reiner Speck. it 533

Julius Meier-Graefe: Vincent van Gogh. Mit zahlreichen Abbildungen. it 1015

Malwida von Meysenbug: Memoiren einer Idealistin. it 824

Michelangelo: Zeichnungen und Dichtungen. Ausgewählt und kommentiert von Harald Keller. Übertragung der Dichtungen von Rainer Maria Rilke. Mit einem Essay von Thomas Mann. it 147

Mozart-Briefe. Ausgewählt, eingeleitet und kommentiert von Wolfgang Hildesheimer. Mit zeitgenössischen Porträts. it 128

Wolfgang Amadeus Mozart: Don Giovanni. Italienisch und Deutsch. Mit Kierkegaards Essay »Das Musikalisch-Erotische« und den Illustrationen von Max Slevogt. it 1009

Nijinsky. Der Gott des Tanzes. Biographie von Romola Nijinsky. Vorwort von Paul Claudel. Deutsch von Hans Bülow. it 566

Edith Piaf. Die Geschichte der Piaf. Ihr Leben in Texten und Bildern. Von Monique Lange. it 516

Julius Meier-Graefe: Renoir. Mit einem Nachwort von Andreas Beyer. it 856

Rainer Maria Rilke. Leben und Werk im Bild. Von Ingeborg Schnack. it 35

Rainer Maria Rilke: Worpswede. Fritz Mackensen. Otto Modersohn. Fritz Overbeck. Hans am Ende. Heinrich Vogeler. Mit farbigen Abbildungen. it 1011

Auguste Rodin. Von Rainer Maria Rilke. Mit 96 Abbildungen. it 766

Karl Friedrich von Rumohr: Geist der Kochkunst. Vorwort von Wolfgang Koeppen. it 326

Schiller. Leben und Werk in Daten und Bildern. Ausgewählt und erläutert von Bernhard Zeller und Walter Scheffler. it 226

Reinhold Schneider. Leben und Werk im Bild. Von Edwin Maria Landau u. a. it 318

Kunst, Musik, Leben und Werk
insel taschenbuch

Dolf Sternberger: Über Jugendstil. Mit farbigen Abbildungen. it 274

Richard Wagner: Ausgewählte Schriften. Herausgegeben von Dietrich Mack. Mit einem Essay von Ernst Bloch. it 66

Richard Wagner. Leben und Werk in Daten und Bildern. Herausgegeben von Dietrich Mack und Egon Voss. it 334

Wagner-Parodien. Parodien auf Richard Wagner. Ausgewählt und mit einem Nachwort versehen von Dieter Borchmeyer und Stephan Kohler. it 687

Robert Walser. Leben und Werk in Daten und Bildern. Herausgegeben von Elio Fröhlich und Peter Hamm. it 264

Oscar Wilde. Leben und Werk in Daten und Bildern. Herausgegeben von Norbert Kohl. it 158

Gabrielle Wittkopp-Ménardeau: Unsere Kleidung. it 774

Stefan Zweig. Leben und Werk im Bild. Herausgegeben von Donald Prater und Volker Michels. it 532